COLEÇÃO

INTELIGÊNCIA ARTIFICIAL

ENGENHARIA DE PROMPT

VOLUME 5

ESTUDO DE CASOS E ERROS

Prof. Marcão – Marcus Vinícius Pinto

As informações fornecidas neste documento são declaradas verdadeiras e consistentes, em que qualquer responsabilidade, em termos de desatenção ou de outra forma, por qualquer uso ou abuso de quaisquer políticas, processos ou orientações contidas nele é a responsabilidade única e absoluta do leitor.

Sob nenhuma circunstância qualquer responsabilidade legal ou culpa será mantida contra os autores por qualquer reparação, dano ou perda monetária devido às informações aqui contidas, seja direta ou indiretamente.

Questões legais.

As informações aqui contidas são oferecidas apenas para fins informativos e, portanto, são universais. A apresentação das informações é sem contrato ou qualquer tipo de garantia.

As marcas registradas que são utilizadas neste livro são utilizadas para exemplos ou composição de argumentos. Este uso é feito sem qualquer consentimento, e a publicação da marca é sem permissão ou respaldo do proprietário da marca registrada e são de propriedade dos próprios proprietários, não afiliado a este documento.

As imagens que estão aqui presentes sem citação de autoria são imagens de domínio público ou foram criadas pelos autores do livro.

Aviso de isenção de responsabilidade:

Observe que as informações contidas neste documento são apenas para fins educacionais e de entretenimento. Todos os esforços foram feitos para fornecer informações completas precisas, atualizadas e confiáveis. Nenhuma garantia de qualquer tipo é expressa ou implícita.

Ao ler este texto, o leitor concorda que, em nenhuma circunstância, os autores são responsáveis por quaisquer perdas, diretas ou indiretas, incorridas como resultado do uso das informações contidas neste livro, incluindo, mas não se limitando, a erros, omissões ou imprecisões.

ISBN: 9798343816914

Selo editorial: Independently published

Sumário

Seja bem-vindo!

No vasto e dinâmico campo da inteligência artificial, a precisão e a clareza das interações com sistemas de IA são determinantes para o sucesso das soluções. Este livro, "Engenharia de Prompt - Volume 5: Estudos de Caso e Erros", faz parte da renomada coleção "Inteligência Artificial: O Poder dos Dados", disponível na Amazon, que oferece uma visão abrangente e prática sobre as diferentes facetas da IA e do machine learning, com ênfase na importância do dado como base essencial da informação.

Esta coleção tem como objetivo tornar acessível o conhecimento necessário para que profissionais de diversas áreas dominem as ferramentas que estão redefinindo o mundo moderno.

Neste volume específico, focamos em um dos aspectos mais desafiadores e fundamentais para o uso eficaz da IA: a formulação de prompts e a análise de seus resultados. Embora a construção de prompts seja uma habilidade técnica, ela está intimamente ligada à capacidade de fazer as perguntas corretas, claras e objetivas.

A inteligência artificial processa dados e retorna respostas baseadas no que foi solicitado, o que torna o papel do prompt fundamental para extrair o máximo valor dessas interações. Portanto, compreender os princípios da construção de prompts eficazes não só melhora a precisão das respostas, mas também eleva a qualidade da tomada de decisões com base em dados.

Este livro é destinado a uma ampla gama de profissionais: cientistas de dados, desenvolvedores de IA, analistas de negócios, engenheiros de software e gestores de inovação.

Todos aqueles que buscam melhorar sua capacidade de interagir com sistemas de IA ou entender como evitar os erros mais comuns ao escrever prompts encontrarão neste volume um guia essencial.

Cada capítulo foi projetado para fornecer insights práticos e exemplos do mundo real, com estudos de caso de setores variados como saúde, e-commerce, finanças e educação. Esses exemplos não só ilustram a eficácia de prompts bem elaborados, mas também oferecem lições valiosas sobre os erros que podem ocorrer e como evitá-los.

A coleção Inteligência Artificial: O Poder dos Dados é fundamentada no princípio de que o dado é o núcleo de qualquer sistema de IA. Os dados alimentam os modelos, que por sua vez transformam essa informação em conhecimento aplicável.

Entretanto, a qualidade do conhecimento gerado depende diretamente da maneira como interagimos com esses sistemas. Neste volume, os leitores aprenderão a transformar dados em informações significativas por meio da formulação correta de prompts, além de compreender os impactos dessa prática no desempenho dos modelos.

Para garantir uma abordagem prática e orientada para a realidade do mercado, o livro oferece uma série de estudos de caso detalhados.

Por exemplo, ao analisar um prompt utilizado em um aplicativo de saúde e bem-estar, o leitor poderá perceber a importância de formular questões que sejam tanto específicas quanto éticas, assegurando que a resposta gerada pela IA seja relevante e útil.

Outro estudo de caso, em uma plataforma de e-commerce, ilustra como uma pequena mudança na formulação do prompt pode alterar drasticamente a experiência do usuário, levando a resultados mais precisos e conversões mais eficazes.

As dicas práticas oferecidas neste livro incluem orientações sobre como criar loops de feedback para garantir o aprendizado contínuo do modelo, além de destacar os principais erros a serem evitados, como a ambiguidade nas instruções ou a falta de contexto ao formular perguntas.

Esses insights são fundamentais para profissionais que desejam melhorar suas interações com a IA e evitar os obstáculos que comumente limitam o potencial dessas tecnologias.

Ao final desta leitura, espero que você se sinta mais preparado para enfrentar os desafios da era da inteligência artificial e motivado a continuar explorando os outros volumes desta coleção.

Cada livro oferece uma nova perspectiva, novas ferramentas e uma oportunidade única de se tornar um especialista em um dos campos mais fascinantes e transformadores do nosso tempo.

Boa leitura!

Bons aprendizados!

Prof. Marcão - Marcus Vinícius Pinto

Mestre em Tecnologia da Informação
Especialista em Tecnologia da Informação.
Consultor, Mentor e Palestrante sobre Inteligência Artificial,
Arquitetura de Informação e Governança de Dados.
Fundador, CEO, professor e
orientador pedagógico da MVP Consult.

1 Fundamentos da construção de prompts.

Os fundamentos da construção de prompts na inteligência artificial (IA) são essenciais para interagir e obter respostas desejáveis de modelos de linguagem. Um prompt eficaz pode ser a diferença entre uma resposta superficial e uma profundamente informativa.

Dentro deste contexto, há vários elementos chave que devem ser considerados:

1. Clareza. O prompt deve ser claro e direto para evitar ambiguidade. Como explicado por GPT-3 em seu próprio estilo, "a precisão é de fato o companheiro constante da clareza" (OpenAI, 2020). Isso significa formular a pergunta ou comando de maneira que a IA possa entender facilmente o pedido do usuário.

2. Contextualização. A relevância do contexto não pode ser subestimada em prompts de IA. Segundo Bender e Koller (2020), ao projetar prompts, é crucial incluir informações contextuais suficientes para que o modelo processe a solicitação dentro de um framework apropriado. Isto ajuda a guiar a resposta na direção desejada.

3. Especificidade. Ser específico em relação às informações desejadas ajuda a modelo a focar nos aspectos relevantes da resposta. "A especificidade no prompt orienta o processo de recuperação de informações do modelo.

4. Concisão. Enquanto a contextualização é importante, os prompts também devem ser concisos. "A prolixidade pode ser contraproducente, levando a modelos de linguagem a perder o foco na pergunta principal". A brevidade pode resultar em uma melhor compreensão por parte dos modelos de IA.

5. Estilo de Linguagem e Tom. O estilo de linguagem e o tom podem sutilmente influenciar como uma IA interpreta e responde a um prompt. "Escolher o tom certo pode ser tão importante quanto o conteúdo do prompt". O tom pode definir a expectativa do tipo de resposta desejada.

6. Feedback Loop. A construção de prompts deve incluir um feedback loop para refinar continuamente a qualidade do prompt e da resposta. É um processo iterativo de ajustar e aprimorar. O design de interação com a IA deve incorporar o feedback do usuário e do sistema para permitir ajustes em tempo real nos prompts. Isso promove uma conversa mais natural e eficaz entre o usuário e a IA.

7. Inclusão de exemplos. Incorporar exemplos no prompt, quando aplicável, pode ajudar a definir claramente a tarefa para o modelo. "Exemplos funcionam como casos de uso que guiam o modelo na geração de respostas".

8. Adaptação ao Público-Alvo. O prompt deve ser adaptado ao público-alvo ou ao usuário específico em questão. Um prompt bem-sucedido leva em consideração o nível de conhecimento do público-alvo.

9. Evitar viés. Quando se constrói um prompt, é importante ser neutro e imparcial a fim de evitar qualquer forma de viés que possa levar a respostas tendenciosas. Deve-se tomar cautela para que o prompt não encaminhe inadvertidamente o modelo para replicar estereótipos ou preconceitos".

10. Utilização de Ferramentas de Construção de Prompt. Ferramentas como o Autoprompt podem ser usadas para gerar automaticamente prompts que são eficientes em extrair

informações específicas de uma modelo de IA. Este método reduz a carga de tentativa e erro manual na criação de prompts eficazes.

1.1 Orientações.

A pesquisa em inteligência artificial e processamento de linguagem natural está em constante evolução, e novas descobertas são publicadas em um ritmo rápido. É através dessas fontes que se pode ficar a par dos últimos desenvolvimentos e descobrir insights de especialistas na área.

Para orientá-lo sobre como proceder na realidade, você normalmente deveria:

1. Defina sua pergunta ou objetivo de pesquisa.

2. Realize uma pesquisa de fundo completa para se familiarizar com o estado atual do conhecimento.

3. Identifique os principais estudos, livros e artigos que são relevantes para o seu tópico.

4. Extraia e anote os pontos essenciais dessas fontes que se relacionam com a sua pergunta.

5. Sintetize esses pontos para construir um argumento ou narrativa coerente em seu texto.

6. Cite com precisão essas fontes em seu texto para reconhecer sua contribuição e permitir que os leitores localizem o material original.

Para integridade acadêmica e para evitar plágio, certifique-se sempre de que as fontes que você cita são verificáveis e representadas com precisão em seu texto.

Os princípios de design desempenham um papel crucial na criação de prompts eficazes no contexto da inteligência artificial. Ao projetar prompts para interações com sistemas automatizados, diversos fatores devem ser considerados para garantir uma experiência positiva para os usuários.

Segundo o renomado designer Don Norman, "o design é realmente uma resposta responsável a ambas as necessidades funcionais e emocionais, sejam elas visuais ou táteis."

1.2 Os prompts e a clareza da solicitação.

Um dos princípios fundamentais a serem considerados ao projetar prompts é a clareza. De acordo com Steve Krug, autor do livro "Não me Faça Pensar", prompts devem ser facilmente compreensíveis para os usuários, evitando ambiguidades e confusões.

Além disso, a simplicidade é essencial. Como afirmou John Maeda, professor de design e autor do livro "Leis Simplicidade", "a simplicidade não é alcançada quando não há mais o que acrescentar, mas sim quando não há mais o que retirar."

Outro aspecto importante a ser considerado é a consistência. De acordo com Jakob Nielsen, renomado especialista em usabilidade, "os usuários devem ser capazes de prever como o sistema responderá a suas interações com base em experiências passadas."

Portanto, ao projetar prompts, é essencial manter uma linguagem visual e interativa consistente ao longo de toda a interação do usuário com o sistema.

Além disso, a personalização também deve ser levada em conta. A personalização de prompts pode aumentar a relevância e eficácia das interações com os usuários, conforme destacado por Sherry Turkle, autora do livro "Alone Together". Ao adaptar os prompts de acordo com as preferências e características do usuário, é possível criar uma experiência mais engajadora e significativa.

Por fim, a acessibilidade é um princípio chave a ser considerado ao projetar prompts no contexto da inteligência artificial. Como mencionado por Robert L. Peters, "o bom design é aquele que também atende às necessidades dos usuários com deficiências físicas ou cognitivas, garantindo uma experiência inclusiva para todos."

Ao integrar esses princípios de design ao projetar prompts no contexto da inteligência artificial, é possível criar interações mais eficazes e significativas para os usuários, proporcionando uma experiência mais intuitiva, personalizada e acessível.

A aplicação desses princípios contribui não apenas para a eficácia do sistema, mas também para a satisfação e engajamento dos usuários, promovendo uma relação mais harmoniosa entre humanos e tecnologia.

1.3 Interpretação de respostas e feedback loops.

A interpretação de respostas geradas por modelos de IA e a criação de loops de feedback são aspectos fundamentais no aprimoramento contínuo da eficácia dos prompts e na entrega de uma experiência de usuário personalizada e relevante. Neste contexto, é essencial compreender como interpretar as respostas da IA e como utilizar o feedback dos usuários para refiná-las.

Ao interpretar as respostas geradas pela IA, é importante considerar a adequação, precisão e relevância do conteúdo apresentado. Isso envolve analisar se a resposta aborda adequadamente a solicitação do usuário, se está livre de erros ou informações inadequadas, e se é contextualmente relevante.

Além disso, é crucial avaliar a clareza da resposta e se ela atende às expectativas do usuário em termos de tom e estilo de comunicação. Por exemplo, ao lidar com um chatbot de atendimento ao cliente, a interpretação das respostas incluiria garantir que as informações fornecidas sejam úteis, precisas e compreensíveis para o usuário.

Para criar loops de feedback eficazes, é fundamental estabelecer canais de comunicação que permitam aos usuários fornecer comentários sobre as interações com a IA. Isso pode ser feito por meio de pesquisas de satisfação, caixas de sugestões, avaliações de usuários, entre outros métodos.

O feedback coletado deve ser analisado de forma sistemática, identificando padrões, tendências e áreas de melhoria. Por exemplo, se várias pessoas apontam inconsistências nas respostas de um assistente virtual, isso pode indicar a necessidade de ajustes na programação ou na base de conhecimento utilizada.

Para refinamento contínuo dos prompts, os loops de feedback devem ser integrados de maneira estruturada e ágil ao ciclo de desenvolvimento da IA. Isso significa que as informações obtidas por meio do feedback dos usuários devem ser usadas para ajustar e otimizar a inteligência artificial de forma iterativa.

Por exemplo, se os usuários expressam dificuldade em compreender as respostas do sistema, os desenvolvedores podem revisar a linguagem e a estrutura das respostas para torná-las mais claras e acessíveis, com base nesses insights.

Além disso, a interpretação das respostas da IA e a implementação dos feedback loops podem ser enriquecidas com o uso de métricas de desempenho e análises quantitativas.

Ao coletar e analisar dados sobre a eficácia das respostas, como taxas de resolução de problemas, taxas de rejeição de respostas e tempo médio de interação, os desenvolvedores podem obter uma visão mais abrangente do desempenho da IA e identificar áreas específicas que necessitam de aprimoramento.

É importante notar que a interpretação de respostas e a implementação de feedback loops são processos contínuos e iterativos. À medida que a IA interage com mais usuários e lida com uma variedade maior de cenários, novos insights e oportunidades de melhoria surgirão. Portanto, é essencial manter uma mentalidade de aprendizado contínuo e estar aberto a ajustes e evoluções ao longo do tempo.

1.4 Considerações sobre a implementação de prompts.

Na prática, a engenharia de prompt pode ser implementada através de vários métodos, combinando algoritmos de aprendizado de máquina e análise preditiva.

No entanto, para chegar a esse estágio, é crucial começar com uma base de dados robusta e representativa.

Aqui estão alguns passos e considerações para aprofundar a engenharia de prompt:

1. Perfilamento Dinâmico de Usuários. Analisar continuamente os dados dos usuários para ajustar os modelos de IA garantindo que os prompts sejam atualizados de acordo com as mudanças nas preferências e hábitos dos usuários.

2. Testes A/B e Iterações. Utilizar testes A/B para avaliar a eficácia de diferentes prompts e iterar com base em métricas concretas de engajamento e sucesso.

3. Integração Contextual. Desenvolver sistemas que possam integrar informações contextuais em tempo real, como localização, hora do dia, ou até mesmo eventos atuais, para tornar os prompts mais relevantes.

4. Sensibilidade Cultural e Linguística. Garantir que os prompts sejam adaptados não apenas para a língua, mas também para as nuances culturais, sociais e regionais do usuário.

5. Feedback e Aprendizado Contínuo. Implementar mecanismos para que os usuários possam fornecer feedback sobre a qualidade e relevância dos prompts, permitindo assim que o sistema aprenda e se aperfeiçoe continuamente.

6. Privacidade e Segurança. Assegurar que todos os dados sejam coletados com consentimento e tratados com os mais altos padrões e segurança e privacidade.

7. Interdisciplinaridade e Colaboração. O trabalho conjunto de especialistas em linguagem, psicólogos, analistas de dados e engenheiros de IA pode traduzir-se em uma capacidade superior de decifrar as complexidades humanas e aplicá-las na criação de prompts.

8. Acessibilidade e Inclusão. Certificar-se de que os prompts e as respostas dos sistemas de IA são acessíveis a todos os usuários, incluindo aqueles com deficiências ou necessidades especiais, adaptando a interação conforme necessário.

9. Ética e Transparência. É vital que os usuários estejam cientes de como seus dados são usados para personalizar prompts e que eles tenham controle sobre essa personalização. A transparência promove a confiança e a ética garante que a tecnologia seja utilizada para o bem comum.

10. Evolução Contínua da IA. Para acompanhar as necessidades em constante mudança dos usuários, os sistemas de IA precisam de algoritmos que não apenas aprendam a partir de interações passadas, mas que também consigam adaptar-se proativamente às futuras. Isso implica uma evolução do conceito tradicional de máquinas programadas para 'aprender' para sistemas que 'evoluem'.

11. Design de Interação. Para que a engenharia de prompt seja bem-sucedida, o design de interação deve ser centrado no usuário, garantindo que cada aspecto da comunicação seja intuitivo e fácil de navegar, independentemente da complexidade dos processos de IA que operam nos bastidores.

12. Inteligência Emocional Artificial. Uma das fronteiras mais emocionantes da engenharia de prompt é a capacidade de reconhecer e responder a sinais emocionais, tornando os sistemas de IA sensíveis aos estados emocionais dos usuários e capazes de reagir de acordo.

13. Narrativa e Branding. Com a engenharia de prompt, abrem-se as portas para que as marcas infundam seus valores e voz em cada interação. Isso reforça o branding e ajuda a construir uma relação mais forte e pessoal com o usuário. A habilidade de tecer a narrativa da marca nos prompts de maneira sutil pode transformar um simples comando em uma experiência de marca envolvente e memorável.

14. Equilibrar Automação e Intervenção Humana. Embora a automação seja um aspecto fundamental da engenharia de prompt, é crucial manter a opção de escalonamento para interação humana quando necessário. A transição perfeita entre interações baseadas em IA e agentes humanos pode assegurar que as necessidades do usuário sejam atendidas com empatia e eficiência.

15. Educação do Usuário e Feedback Dinâmico. À medida que os prompts se tornam mais sofisticados, também deve haver um foco em educar os usuários sobre como interagir de maneira mais eficiente com a IA. Além disso, sistemas que podem aprender com o feedback do usuário — não apenas dados implícitos, mas também explícitos — evoluirão muito mais rapidamente e de maneira alinhada com as preferências do usuário.

16. Design Ético e Inclusivo. Com a engenharia de prompt, surge a responsabilidade de projetar sistemas que não apenas atendam aos padrões técnicos, mas que também sejam éticos e inclusivos. Isso envolve criar prompts que não perpetuem vieses ou discriminem qualquer grupo de usuários. A IA deverá ser treinada com conjuntos de dados diversificados e testada amplamente para garantir que suas respostas sejam justas e equânimes para todos.

17. Preparação para o Inesperado. Um aspecto frequentemente negligenciado na engenharia de prompt é a gestão do inesperado. Embora possamos preparar sistemas de IA para responder a uma ampla gama de entradas, sempre haverá cenários imprevistos nos quais os prompts devem ser capazes de lidar de forma elegante com ambiguidades e erros.

18. Sustentabilidade a Longo Prazo. Finalmente, para que a engenharia de prompt seja eficaz a longo prazo, é necessário pensar em sustentabilidade. Isso significa desenvolver sistemas escaláveis que possam ser atualizados e aprimorados sem a necessidade constante de reestruturação completa, garantindo a adaptabilidade à medida que novas tecnologias e mudanças sociais surgem.

19. Adoção de Modelos de Linguagem Generativa. Utilizando modelos avançados de linguagem natural, como o gpt-4-1106-preview, a engenharia de prompt pode ser otimizada para entender e gerar linguagem de maneira mais eficaz e natural. Esses modelos podem rapidamente processar grandes quantidades de texto para aprender padrões de linguagem e fornecer respostas cada vez mais refinadas e contextuais.

20. Exploração de Novas Interfaces. No futuro, os prompts poderão ir além do texto e da voz, explorando interfaces cerebrais diretas ou realidades aumentadas e virtuais. Isso abrirá novos caminhos para interações excepcionalmente imersivas e detalhadas, onde os prompts serão capazes de se ajustar não só ao que o usuário diz, mas também ao que sente e ao ambiente que o cerca.

21. Promoção do Aprendizado Contínuo. A capacidade de uma IA para reconhecer quando não sabe algo e tomar medidas para aprender de forma independente é um próximo passo chave na evolução dos sistemas de engenharia de prompt. Este aprendizado contínuo assegurará que a IA possa manter-se atualizada com as tendências emergentes e as necessidades em constante mudança dos usuários.

22. Integração Multidisciplinar robusta. A colaboração entre especialistas em diferentes campos será ainda mais vital para desenvolver prompts que entendam complexidades como humor, ironia e subtexto, requerendo um entendimento mais profundo de psicologia social, linguística, e outras disciplinas.

23. Governança e Regulação. Será essencial estabelecer regulamentos e padrões de governança que orientem a implementação responsável dos avanços em engenharia de prompt. Isso garantirá que os desenvolvimentos sejam usados de forma ética e que os sistemas de IA sejam projetados com a inclusão, justiça e privacidade em mente.

24. Humanização da Tecnologia. Os avanços continuados em IA e engenharia de prompt podem possibilitar a criação de sistemas que não apenas realizam tarefas, mas também oferecem companhia, consolo e inclusive entendimento emocional, apontando para uma nova era na qual a tecnologia pode fornecer suporte emocional e social.

25. Cognição Ampliada. A engenharia de prompt não amplia apenas as capacidades da IA, mas também as capacidades dos seres humanos. Ao interagir com sistemas que compreendem e respondem de maneira cada vez mais refinada, os usuários podem estender a sua própria cognição, beneficiando-se de uma inteligência combinada humano-máquina para resolver problemas complexos e gerar novas ideias.

À medida que a tecnologia amadurece e a sociedade se adapta a um ecossistema cada vez mais centrado na IA, a engenharia de prompt terá um papel destacado na definição da relação harmoniosa entre humanos e máquinas.

Este campo emergente não apenas oferece a promessa de simplificar tarefas e melhorar a eficiência, mas também carrega o potencial de enriquecer a experiência humana com interações mais intuitivas, compreensivas e personalizadas.

Assim, entramos em um mundo onde cada palavra, cada prompt, não é apenas uma função predefinida, mas uma ponte para entendimentos mais profundos, relações mais ricas e uma sociedade mais conectada.

1.5 Aprendizado contínuo e melhoria iterativa.

O aprendizado contínuo e a melhoria iterativa são práticas fundamentais no desenvolvimento e na otimização de sistemas de inteligência artificial. Através do aprendizado contínuo, os sistemas podem aprender com as interações passadas, adquirir novos conhecimentos e se adaptar dinamicamente às necessidades e preferências dos usuários.

A engenharia de prompts, por sua vez, é um processo iterativo que envolve a criação, revisão e aprimoramento constante das interações entre humanos e máquinas.

Para garantir o aprendizado contínuo dos sistemas de IA, é essencial implementar mecanismos que permitam a coleta e a análise de dados provenientes das interações passadas. Esses dados podem incluir registros de conversas, feedback dos usuários, métricas de desempenho e insights obtidos a partir das interações.

Com base nesses dados, os sistemas podem identificar padrões, aprimorar suas habilidades de processamento de linguagem natural, e ajustar suas respostas e recomendações de forma mais precisa e personalizada.

Além disso, a engenharia de prompts é um processo iterativo que envolve a criação de elementos de interação, como perguntas, sugestões e respostas, que são constantemente revisados e aprimorados com base no feedback dos usuários e em testes de desempenho.

Essa abordagem permite identificar e corrigir possíveis falhas ou lacunas no sistema, adaptar as respostas de acordo com as preferências do usuário e otimizar a experiência de conversa de forma gradual e contínua.

Ao combinar o aprendizado contínuo com a engenharia de prompts, os sistemas de IA podem se beneficiar de um ciclo de melhoria contínua, no qual a análise de dados e o feedback dos usuários alimentam constantemente a evolução e otimização do sistema.

Esse processo iterativo permite que os sistemas aprendam, se ajustem e se desenvolvam de forma ágil e adaptativa, melhorando a qualidade das interações e a experiência do usuário ao longo do tempo.

A melhoria contínua e o aprendizado iterativo são fundamentais na evolução dos sistemas de inteligência artificial. Implementar as melhores práticas nesse contexto é essencial para garantir que os sistemas sejam capazes de aprender, se adaptar e oferecer uma experiência de usuário cada vez mais personalizada e eficaz.

Uma das melhores práticas para alcançar esse objetivo é a coleta e análise de dados de forma sistemática e consistente. Monitorar e registrar as interações dos usuários, feedbacks e métricas de desempenho permite identificar padrões, tendências e oportunidades de melhoria. Essa análise de dados é crucial para orientar as decisões de otimização e aprimoramento do sistema.

Outra prática importante é a integração de tecnologias de aprendizado de máquina e processamento de linguagem natural. Essas tecnologias permitem que os sistemas de IA identifiquem padrões nos dados, façam previsões mais precisas e melhorem sua capacidade de compreensão e resposta durante as interações com os usuários.

Além disso, a automação de processos de feedback e revisão é uma prática eficaz para garantir a revisão contínua e o aprimoramento das interações com base em dados reais. Implementar mecanismos de coleta automática de feedback, análise de sentimentos e revisão de prompts ajuda a identificar rapidamente áreas de melhoria e a agilizar o processo de otimização do sistema.

É essencial promover uma cultura de melhoria contínua e aprendizado dentro da equipe responsável pelo desenvolvimento do sistema de IA. Encorajar a colaboração, o compartilhamento de conhecimento e a experimentação é fundamental para impulsionar a inovação e garantir que os processos de otimização sejam baseados em dados sólidos e em insights significativos.

Ao adotar essas melhores práticas em relação ao aprendizado contínuo e à melhoria iterativa, as empresas podem garantir que seus sistemas de inteligência artificial estejam sempre evoluindo, adaptando-se às necessidades dos usuários e proporcionando uma experiência de conversa cada vez mais envolvente e satisfatória.

Algumas práticas fundamentais, bem como exemplos de como essas práticas podem ser implementadas e os benefícios que podem trazer para a experiência do usuário são listadas a seguir.

1. Coleta e análise de dados sistemática.

Uma prática fundamental é a coleta e análise de dados de forma sistemática. Por exemplo, uma plataforma de e-commerce pode monitorar as interações dos usuários em seu site, como pesquisas, visualizações de produtos e compras realizadas.

Com base nesses dados, a empresa pode identificar padrões de comportamento, preferências de compra e oportunidades de personalização do conteúdo, permitindo ajustar as recomendações de produtos de maneira mais precisa e eficaz.

2. Integração de tecnologias de aprendizado de máquina e processamento de linguagem natural.

A integração de tecnologias avançadas, como aprendizado de máquina e processamento de linguagem natural, é outra prática crucial. Por exemplo, um assistente virtual pode usar técnicas de aprendizado de máquina para entender e prever as necessidades do usuário com base em interações passadas.

Ao combinar essas técnicas com processamento de linguagem natural, o assistente virtual pode oferecer respostas mais precisas e relevantes, melhorando a experiência do usuário.

3. Automação de processos de feedback e revisão.

Automatizar processos de feedback e revisão é uma prática eficaz para acelerar o ciclo de melhoria contínua.

Por exemplo, um sistema de suporte ao cliente pode usar análise de sentimentos automatizada para identificar reclamações ou feedback negativo dos usuários e acionar alertas para a equipe responsável.

Isso permite que a empresa responda rapidamente a problemas e faça ajustes nas interações para melhorar a satisfação do cliente.

4. Cultura de aprendizado e melhoria contínua.

Promover uma cultura organizacional focada em aprendizado e melhoria contínua é outra prática importante. Por exemplo, os líderes podem incentivar a experimentação, a colaboração entre equipes e a troca de conhecimento para impulsionar a inovação e a evolução dos sistemas de inteligência artificial.

Ao promover um ambiente de aprendizado constante, as equipes podem trabalhar juntas para identificar oportunidades de melhoria, testar novas abordagens e implementar soluções inovadoras que tragam benefícios tangíveis para os usuários.

Um exemplo prático dessa prática é a realização de sessões de brainstorming regulares entre equipes multidisciplinares, onde os membros podem compartilhar insights, discutir desafios e propor ideias para aprimorar os sistemas de IA.

Essas sessões podem resultar em novas funcionalidades, ajustes de algoritmos ou melhorias na interface do usuário, impulsionando a evolução e a eficácia dos sistemas.

2 Estudos de caso.

Um estudo de caso interessante é o da empresa de comércio eletrônico Amazon, que utiliza prompts personalizados e contextualizados para orientar os usuários durante o processo de compra.

Ao apresentar sugestões de produtos com base no histórico de compras e preferências dos usuários, a Amazon cria prompts altamente relevantes que contribuem para aumentar as taxas de conversão e a satisfação do cliente.

Outro exemplo relevante é o uso de prompts em aplicativos de saúde e bem-estar, como lembretes para tomar medicamentos, registrar atividades físicas ou monitorar a alimentação.

A adequada construção desses prompts, incluindo linguagem clara, feedback imediato e personalização, pode incentivar os usuários a aderir às recomendações de saúde e melhorar seus hábitos de vida.

A análise de prompts em diferentes contextos e a avaliação de sua efetividade podem oferecer insights sobre as melhores práticas de construção e implementação para garantir uma comunicação clara, relevante e orientada ao usuário.

2.1 Estudo de caso 1: aplicativo de Saúde e Bem-Estar.

Um aplicativo de saúde e bem-estar utiliza prompts personalizados para incentivar os usuários a registrarem suas atividades físicas diárias. Os prompts são contextualizados com base nos objetivos de saúde individuais de cada usuário e são emitidos em horários estratégicos, como após o trabalho.

Ao fornecer feedback imediato e recompensas pelo progresso, o aplicativo aumenta o engajamento dos usuários e os motiva a manter um estilo de vida saudável.

Prompts.

1. Escreva uma descrição de aplicativo para uma app que acompanhe e monitora os hábitos alimentares e de exercício do usuário. Forneça recomendações personalizadas para atingir metas de saúde e bem-estar.

2. Desenhe a interface do usuário (UI) para um aplicativo de meditação guiada com opções de selecionar diferentes temas como redução do estresse, sono tranquilo ou foco em tarefas. Inclua botões de play e pause, e um timer.

3. Crie um chatbot que ajude os usuários a monitorar seus sintomas diários e notifique-os quando é necessário buscar assistência médica profissional. O chatbot também deve fornecer informações sobre doenças comuns, medicamentos e vacinas.

4. Desenvolva uma app que permita aos usuários marcar horários para consultas médicas on-line e receber resultados de exames. A app também deve armazenar as informações de contato e histórico médico dos usuários de forma segura.

5. Crie um aplicativo que use dados do dispositivo de acompanhamento de atividade física do usuário, como smartwatches e pulseiras fitness, para rastrear seus objetivos de saúde e desafios físicos. Forneça também um leaderboard para que os usuários possam competir entre si e compartilhar suas conquistas.

6. Desenvolva uma aplicação de monitoramento de exercícios físicos que permita aos usuários controlar seu progresso em atividades como corrida, caminhada e ciclismo. A app deve fornecer relatórios estatísticos e gráficos, além de sugestões personalizadas de treinos.

7. Crie um aplicativo de contador de calorias e controle de dieta que permita aos usuários registrar sua ingestão de alimentos e bebidas, acompanhar seu consumo de nutrientes e macronutrientes e receber recomendações de refeições saudáveis.

8. Desenhe uma interface do usuário (UI) para uma plataforma de consultas médicas online que permita aos usuários agendar consultas com médicos e especialistas, receber diagnósticos e tratamentos remotos e acessar seus prontuários médicos e exames.

9. Crie um aplicativo de meditação e mindfulness que forneça orientações e exercícios guiados para ajudar os usuários a reduzir estresse, ansiedade e melhorar o sono.

10. Desenvolva uma plataforma de treinamento físico online que conecte usuários a instrutores de fitness e yoga, com recursos de transmissão de vídeo ao vivo, treinos em grupo e rotinas personalizadas.

11. Crie um chatbot que possa responder a perguntas dos usuários sobre sintomas, doenças e medicamentos. O chatbot também deve fornecer informações sobre prevenção de doenças e promoção da saúde.

12. Desenhe uma interface do usuário (UI) para uma aplicação de registro de sintomas e tratamentos médicos que permita aos usuários rastrear sua saúde e compartilhar informações com seus médicos e cuidadores.

13. Desenvolva uma plataforma de ensino de primeiros socorros e treinamento em emergências que ofereça cursos online, vídeos tutoriais e simulacros interativos.

14. Crie um aplicativo de gestão de estresse e ansiedade que inclua exercícios de relaxamento, técnicas de respiração e meditação guiada.

15. Desenhe uma interface do usuário (UI) para uma aplicação de consulta de medicamentos que permita aos usuários pesquisar informações sobre remédios, interações medicamentosas e efeitos colaterais.

2.2 Estudo de caso 2: assistente Virtual em um Site de E-commerce.

Um assistente virtual em um site de e-commerce utiliza prompts claros e diretos para orientar os usuários durante o processo de compra. Os prompts são personalizados com base no histórico de compras e nas preferências do usuário, oferecendo sugestões relevantes de produtos e descontos especiais.

Ao proporcionar uma experiência de compra personalizada e orientada ao usuário, o assistente virtual contribui para aumentar as conversões e a fidelização dos clientes.

Prompts:

1. Desenvolva uma plataforma de e-commerce que permita a venda de produtos físicos e digitais, incluindo livros, eletrônicos, vestuário e móveis. Inclua recursos de carrinho de compras, processamento de pagamentos e envio de encomendas.

2. Crie um sistema de avaliação de produtos que permita aos usuários deixar comentários e notas sobre os produtos comprados. O sistema também deve oferecer sugestões de produtos relacionados e recomendações personalizadas.

3. Desenhe a interface do usuário (UI) para um site de venda de alimentos e bebidas que permita aos usuários filtrar produtos por categoria, marca, preço e disponibilidade.

4. Desenvolva um sistema de recomendação de produtos que utilize algoritmos de aprendizado de máquina para oferecer sugestões personalizadas com base no histórico de compras e preferências do usuário.

5. Crie uma plataforma de comércio social que permita aos usuários criar e compartilhar listas de desejos, avaliar produtos e interagir com outros consumidores.

6. Desenhe uma interface do usuário (UI) para um site de e-commerce de moda que permita aos usuários visualizar e comparar diferentes combinações de roupas e acessórios. A app também deve oferecer informações sobre tendências de moda e estilo.

7. Crie um aplicativo que permita aos usuários personalizar produtos, como camisetas, canecas e cartões de visita, com suas próprias imagens e textos.

8. Desenvolva uma plataforma de dropshipping que conecte vendedores online a fornecedores e fabricantes. A plataforma também deve fornecer serviços de gerenciamento de estoque e logística.

9. Crie um sistema de gestão de devoluções e reclamações que permita aos usuários solicitar reembolsos, trocas ou reparos de produtos comprados online. O sistema também deve notificar os vendedores sobre reclamações e fornecer relatórios de desempenho de serviço ao cliente.

10. Desenhe uma interface do usuário (UI) para um site de e-commerce de alimentos e bebidas que permita aos usuários filtrar produtos por alergias e restrições dietéticas.

2.3 Estudo de caso 3: aplicativo de Gerenciamento Financeiro.

Um aplicativo de gerenciamento financeiro utiliza prompts personalizados para incentivar os usuários a estabelecer metas de economia e controlar seus gastos diários.

Os prompts são projetados de forma a serem simples, claros e acionáveis, fornecendo lembretes regulares e dicas úteis para ajudar os usuários a alcançar seus objetivos financeiros.

Por meio da combinação de feedback imediato e incentivos de gamificação, o aplicativo aumenta a conscientização e o controle financeiro dos usuários.

Prompts:

1. Crie uma aplicação de gerenciamento financeiro pessoal que permita aos usuários rastrear suas despesas e receitas, criar um orçamento mensal e definir metas de poupança.

2. Desenvolva uma plataforma de investimentos que ofereça serviços de corretagem de ações, criptomoedas e fundos de investimento. Inclua recursos de análise técnica, gráficos em tempo real e notificações de preços.

3. Desenhe uma interface do usuário (UI) para um aplicativo de administração de finanças para pequenas empresas que permita aos usuários gerar faturas, registrar gastos, emitir relatórios financeiros e prever o fluxo de caixa.

4. Crie um chatbot que possa ajudar os usuários a entender conceitos financeiros, como juros compostos, impostos e inflação. O chatbot também deve oferecer dicas de como economizar dinheiro e otimizar investimentos.

5. Desenvolva uma aplicação de administração de dívidas que permita aos usuários organizar e agendar pagamentos de contas, cartões de crédito e empréstimos. A app também deve fornecer alertas de vencimentos e simulações de amortização de dívidas.

6. Crie um sistema de gerenciamento de carteiras de investimentos que permita aos usuários acompanhar o desempenho de suas aplicações financeiras em diferentes mercados e setores.

7. Desenhe uma interface do usuário (UI) para um aplicativo de controle de gastos que permita aos usuários categorizar e monitorar suas despesas diárias, semanais e mensais. A

app também deve fornecer gráficos e relatórios estatísticos para ajudar os usuários a identificar áreas onde podem economizar.

8. Desenvolva uma plataforma de gerenciamento de patrimônio que permita aos usuários registrar e rastrear seus ativos, como imóveis, veículos, joias e outros bens valiosos. A plataforma também deve fornecer avaliações de mercado e alertas de valorização ou depreciação de ativos.

9. Desenhe uma interface do usuário (UI) para uma aplicação que permita aos usuários definir metas de poupança e planejar seu orçamento mensalmente. A app também deve enviar notificações para ajudar os usuários a manter-se em suas metas financeiras.

10. Desenvolva uma aplicação que permita aos usuários pagarem contas, realizar transferências bancárias e gerenciar seus cartões de crédito e débito em um único lugar. A app também deve fornecer recomendações personalizadas para poupar dinheiro e aproveitar os benefícios de seus cartões.

11. Crie um dashboard de análise de gastos para empresas que mostre a distribuição de gastos em categorias como salários, publicidade, impostos e aluguel. O dashboard deve ser capaz de filtrar os gastos por períodos específicos, projetos ou departamentos da empresa.

2.4 Estudo de caso 4: plataforma de Educação Online.

Uma plataforma de educação online implementa prompts interativos para guiar os alunos durante o processo de aprendizagem.

Os prompts são adaptados com base no desempenho acadêmico dos alunos e nas áreas de dificuldade identificadas. Ao propor atividades práticas, recursos complementares e avaliações formativas, os prompts ajudam os alunos a manter o foco, aprimorar suas habilidades e alcançar um maior sucesso acadêmico.

Prompts:

1. Desenhe a interface do usuário (UI) para uma plataforma de ensino à distância que ofereça cursos gratuitos e pagos em uma variedade de assuntos, incluindo idiomas, programação, artes e ciências. Inclua uma função de pesquisa e recomendações personalizadas com base nos interesses do usuário.

2. Crie um sistema de avaliação e certificação para um aplicativo de aprendizado online que permita aos usuários realizar testes e receber certificados após a conclusão de um curso. O sistema também deve fornecer feedback personalizado e sugestões para melhorar o desempenho do usuário.

3. Desenvolva um aplicativo de tutoria online que conecte alunos e professores particulares em tempo real. A app deve incluir recursos de agendamento de aulas, chat de texto e vídeo e pagamento seguro pelos serviços de tutoria.

4. Desenhe uma plataforma de ensino à distância para escolas e universidades que permita aos professores criar e gerenciar aulas online, atribuir tarefas e avaliar o

desempenho dos alunos. A plataforma também deve oferecer suporte a salas de aula virtuais e à comunicação em tempo real entre alunos e professores.

5. Crie um chatbot que possa ajudar os alunos a encontrar cursos online, universidades e programas de bolsas de estudos. O chatbot também deve fornecer informações sobre requisitos de admissão, datas limite e processo de inscrição.

6. Crie um aplicativo que permita aos usuários criar e compartilhar conteúdos educacionais, como slides, quizzes e exercícios, com outros professores e alunos.

7. Desenvolva uma plataforma de tutoria online que conecte alunos a tutores especializados em diferentes áreas de conhecimento, como matemática, ciências, humanidades e idiomas.

8. Desenhe uma interface do usuário (UI) para um aplicativo de aprendizagem de idiomas que permita aos usuários praticar conversações com falantes nativos, aprender vocabulário e gramática através de exercícios interativos e avaliar seu progresso com Desenvolva um sistema de gamificação que permita aos usuários ganhar pontos, níveis e recompensas ao completar tarefas e desafios educacionais.

9. Crie um chatbot que possa responder a perguntas dos usuários sobre conteúdos educacionais, como definições, exemplos e exercícios. O chatbot também deve oferecer feedback e dicas de estudo.

10. Desenhe uma plataforma de ensino à distância que permita aos usuários criar e participar de aulas virtuais em tempo real, com recursos de compartilhamento de telas, whiteboards e anotações. testes e exames.

2.5 Estudo de caso 5: plataforma de Streaming de Música.

Uma plataforma de streaming de música utiliza prompts personalizados para recomendar novas músicas com base nos gostos e hábitos de escuta de cada usuário.

Os prompts são apresentados de forma visualmente atrativa, com capas de álbuns e músicas em destaque, e incluem opções interativas para adicionar músicas à playlist ou compartilhar com amigos.

Essa abordagem personalizada aumenta a descoberta de novas músicas e melhora a experiência de escuta do usuário na plataforma.

Prompts:

1. Desenvolva uma plataforma de streaming de música que permita aos usuários escutar músicas, criar playlists e descobrir novos artistas.

2. Crie um sistema de recomendação de músicas que utilize algoritmos de aprendizado de máquina para fornecer sugestões personalizadas com base no histórico de escuta e gostos musicais do usuário.

3. Desenhe uma interface do usuário (UI) para um aplicativo de streaming de música que permita aos usuários acompanhar letras de músicas, assistir a videoclipes e ver informações sobre artistas e álbuns.

4. Crie uma função de compartilhamento de músicas que permita aos usuários enviar playlists e músicas para amigos e familiares por meio de redes sociais e mensageiros instantâneos.

5. Desenvolva uma plataforma de podcasts que permita aos usuários ouvir e baixar episódios, assinar canais e criar listas de reprodução personalizadas.

6. Crie um aplicativo de karaokê que permita aos usuários cantar músicas com letras sincronizadas, alterar o tom e o ritmo das músicas e compartilhar suas performances em redes sociais.

7. Desenhe uma interface do usuário (UI) para um serviço de streaming de música ao vivo que permita aos usuários assistir a shows e concertos em tempo real e interagir com artistas através de chats e reações emocionais.

8. Desenvolva uma plataforma de streaming de música colaborativa que permita aos usuários compor e produzir músicas juntos em tempo real, independentemente de sua localização geográfica.

9. Crie um aplicativo de ensino de música que permita aos usuários aprender a tocar instrumentos musicais, como guitarra, piano e bateria, com vídeos tutoriais e exercícios interativos.

10. Desenhe uma interface do usuário (UI) para um aplicativo de identificação de músicas que permita aos usuários identificar canções e artistas através de fragmentos de músicas ou letras.

2.6 Estudo de caso 6: aplicativo de Fitness e Bem-Estar.

Um aplicativo de fitness e bem-estar utiliza prompts motivacionais e desafios semanais para incentivar os usuários a se manterem ativos e saudáveis.

Os prompts são projetados com base em metas individuais de condicionamento físico e preferências de exercícios, e incluem lembretes personalizados para garantir a consistência na prática de atividades físicas.

Por meio da gamificação e do apoio social, o aplicativo engaja os usuários e os inspira a adotar um estilo de vida mais ativo e saudável.

Prompts:

1. Desenhe a interface do usuário (UI) para um aplicativo de monitoramento de exercícios físicos que permita aos usuários configurar metas personalizadas, rastrear seu progresso e receber feedback e recomendações.

2. Crie um sistema de avaliação de exercícios que use algoritmos de aprendizado de máquina para analisar a forma dos usuários durante os exercícios e oferecer dicas para melhorar a técnica e evitar lesões.

3. Desenhe uma plataforma de treinamento personalizado online que conecte usuários a treinadores de fitness, nutricionistas e outros profissionais de saúde.

4. Desenvolva um aplicativo de meditação e mindfulness que inclua orientações e exercícios guiados para ajudar os usuários a reduzir o estresse, melhorar o sono e promover o bem-estar mental.

5. Crie um sistema de recomendação de receitas saudáveis que leve em consideração as restrições alimentares, alergias e preferências alimentares dos usuários.

6. Desenhe uma interface do usuário (UI) para um aplicativo de treinamento em casa que ofereça rotinas de exercícios com ou sem equipamentos, vídeos instrucionais e contadores de tempo.

7. Crie um aplicativo de planejamento de refeições que permita aos usuários planejar e controlar sua alimentação semanalmente, incluindo refeições, lanches e opções vegetarianas/veganas.

8. Desenvolva uma plataforma de compartilhamento de experiências e histórias de sucesso no mundo fitness e bem-estar, com recursos de blog, fóruns e grupos de interesse.

9. Crie um sistema de desafios e conquistas que permita aos usuários participar de competições individuais ou em equipe, conquistando recompensas e marcos de progresso.

10. Desenhe uma interface do usuário (UI) para uma plataforma de cursos online de bem-estar, incluindo cursos de yoga, pilates, meditação, nutrição e outras áreas relacionadas à saúde e bem-estar.

11. Desenvolva uma aplicação de gerenciamento de hábitos que ajude os usuários a desenvolver hábitos saudáveis, como beber água, praticar exercícios regulares e meditar diariamente.

12. Crie um chatbot que possa responder a perguntas dos usuários sobre exercícios, dieta e bem-estar. O chatbot também deve oferecer dicas personalizadas e lembrar os usuários sobre seus objetivos e compromissos.

13. Desenhe uma interface do usuário (UI) para uma plataforma de compartilhamento de rotas de corrida, caminhada e ciclismo, incluindo mapas, avaliações de usuários e estatísticas sobre distância e dificuldade.

14. Crie um aplicativo de gerenciamento de horários de sono que ajude os usuários a rastrear seu sono e receber recomendações para melhorar sua qualidade e duração do sono.

15. Desenvolva uma plataforma de acompanhamento de sinais vitais que permita aos usuários medir e monitorar sua frequência cardíaca, pressão arterial e outros indicadores de saúde. A plataforma também deve fornecer alertas e relatórios sobre a saúde dos usuários.

16. Crie um aplicativo de treinamento mental que inclua exercícios para desenvolver a memória, a concentração e a cognição, além de dicas e técnicas para reduzir o estresse e a ansiedade.

17. Desenhe uma interface do usuário (UI) para uma plataforma de conexão entre profissionais de saúde e pacientes, incluindo agenda de consultas, avaliações de usuários e relatórios de evolução do tratamento.

18. Crie um sistema de gerenciamento de receitas médicas que permita aos usuários registrar e controlar seus

medicamentos, recebendo alertas de horários de dosagem e avisos de interações medicamentosas.

19. Desenvolva uma plataforma de educação e conscientização sobre saúde e bem-estar, com conteúdos informativos, artigos científicos e entrevistas com especialistas.

20. Crie um aplicativo de registro de gratidão que incentive os usuários a registrar diariamente aspectos positivos de suas vidas, promovendo a prática da gratidão e aumentando o bem-estar emocional.

2.7 Estudo de caso 7: aplicativo de Alimentação Saudável.

Um aplicativo de alimentação saudável adota prompts personalizados para orientar os usuários na escolha de refeições equilibradas e saudáveis.

Os prompts são baseados nas preferências alimentares individuais, restrições dietéticas e metas de saúde dos usuários, oferecendo sugestões de receitas, listas de compras e lembretes para acompanhar a ingestão de nutrientes essenciais.

A abordagem orientada ao usuário promove hábitos alimentares mais saudáveis e facilita a manutenção de uma dieta equilibrada.

Prompts:

1. Crie um aplicativo que permita aos usuários registrar sua ingestão de alimentos e bebidas, incluindo informações nutricionais, como calorias, proteínas e gorduras. O app

deve gerar relatórios detalhados e fornecer dicas para melhorar os hábitos alimentares.

2. Desenhe uma interface do usuário (UI) para um aplicativo de receitas saudáveis, com filtros personalizados para dietas específicas, como vegetarianas, veganas ou sem glúten.

3. Crie um sistema de recomendação de refeições que leve em consideração as preferências alimentares, alergias e restrições dietéticas dos usuários.

4. Desenvolva um aplicativo de planejamento de refeições saudáveis, incluindo listas de compras, horários de preparo e orientações de nutricionistas.

5. Crie um sistema de gerenciamento de calorias que ajude os usuários a monitorar e controlar sua ingestão diária de calorias, levando em consideração seus objetivos de saúde e bem-estar.

6. Desenhe uma interface do usuário (UI) para um aplicativo de agricultura urbana, fornecendo orientações sobre como cultivar alimentos orgânicos em casa ou em pequenos espaços.

7. Crie um aplicativo de compartilhamento de receitas saudáveis que permita aos usuários compartilhar suas próprias receitas, comentar e avaliar receitas de outros usuários.

8. Desenvolva um aplicativo de rastreamento de hidratação que ajude os usuários a controlar sua ingestão de líquidos e receber alertas para beber água regularmente.

9. Crie um aplicativo de conscientização sobre alimentação saudável, incluindo informações sobre nutrição, benefícios de alimentos funcionais e dicas para manter um estilo de vida saudável.

10. Desenhe uma interface do usuário (UI) para um aplicativo que conecte usuários a profissionais de nutrição e dietética, permitindo a realização de consultas online e acompanhamento personalizado.

11. Crie um aplicativo de análise de rótulos de alimentos que permita aos usuários fazer upload de fotos de rótulos e receber informações detalhadas sobre ingredientes, calorias e valor nutricional.

12. Desenvolva uma plataforma de desafios de alimentação saudável que incentive os usuários a adotar hábitos alimentares mais saudáveis, como aumentar a ingestão de frutas e verduras, reduzir a ingestão de açúcar e gorduras saturadas.

13. Crie um aplicativo de controle de peso que permita aos usuários rastrear suas medidas corporais, como peso e circunferência da cintura, e acompanhar seu progresso em relação aos objetivos de perda ou manutenção de peso.

14. Desenhe uma interface do usuário (UI) para um aplicativo que ofereça receitas e orientações para pessoas com restrições dietéticas específicas, como diabetes, intolerância à lactose ou doença celíaca.

15. Crie um aplicativo de avaliação de restaurantes e estabelecimentos com base em critérios de saúde e

sustentabilidade, permitindo que os usuários compartilhem suas experiências e avaliem as opções de alimentação.

16. Desenvolva uma plataforma de culinária saudável que ofereça cursos online e workshops sobre como preparar refeições saudáveis e saborosas, incluindo receitas exóticas, técnicas culinárias e conselhos de nutricionistas.

17. Crie um aplicativo de estratégias de compras saudáveis que forneça informações sobre como escolher produtos alimentícios mais saudáveis no supermercado, comparar preços e ler rótulos de alimentos.

18. Desenhe uma interface do usuário (UI) para um aplicativo de educação alimentar que ensine as bases da nutrição, como os principais nutrientes, o papel dos alimentos na saúde e a importância de uma alimentação balanceada.

19. Crie um aplicativo de gestão de intolerâncias alimentares que ajude os usuários a rastrear seus sintomas, receber alertas de alimentos problemáticos e compartilhar informações com profissionais de saúde.

20. Desenvolva um aplicativo de promoção da alimentação sustentável que ensine os usuários sobre as escolhas alimentares mais sustentáveis, como reduzir o desperdício de alimentos, consumir produtos locais e orgânicos e adotar hábitos mais ecológicos.

2.8 Estudo de caso 8: aplicativo de Gerenciamento de Tarefas.

Um aplicativo de gerenciamento de tarefas utiliza prompts contextuais e lembretes personalizados para ajudar os usuários a organizar e priorizar suas atividades diárias.

Os prompts são adaptados com base no prazo de entrega de tarefas, nível de urgência e importância, proporcionando sugestões sobre a melhor forma de planejar e distribuir as tarefas ao longo do dia.

Por meio da organização eficiente, o aplicativo ajuda os usuários a aumentar a produtividade e a reduzir o estresse relacionado ao gerenciamento de tarefas.

Prompts:

1. Desenhe uma interface do usuário (UI) para um aplicativo de gerenciamento de tarefas pessoais e profissionais, permitindo aos usuários criar listas de tarefas, definir prioridades, marcar itens como concluídos e receber notificações.

2. Crie um sistema de colaboração em equipe que permita aos usuários compartilhar tarefas, delegar responsabilidades e monitorar o progresso de projetos conjuntos.

3. Desenvolva uma plataforma de gerenciamento de projetos ágeis que ofereça recursos para criação de Kanban boards, mapeamento de fluxos de trabalho e visualização de estatísticas de desempenho.

4. Crie um aplicativo de pomodoro que ajude os usuários a se concentrar em tarefas específicas, dividindo o tempo em intervalos de trabalho e descanso e fornecendo avisos sonoros para o início e fim de cada intervalo.

5. Desenhe uma interface do usuário (UI) para um aplicativo de lista de lembretes e marcadores que permita aos usuários agendar notificações, definir alertas por localização e compartilhar lembretes com outras pessoas.

6. Crie um aplicativo de análise de produtividade que rastreie e analise o uso do tempo dos usuários, gerando relatórios detalhados sobre o tempo gasto em diferentes atividades e fornecendo dicas para otimizar a produtividade.

7. Desenvolva uma plataforma de gerenciamento de metas e hábitos que permita aos usuários estabelecer objetivos, acompanhar seu progresso e receber sugestões de ações para atingir suas metas.

8. Crie um aplicativo de gestão de horários e agenda que integre calendários de diferentes plataformas, permitindo aos usuários agendar eventos, receber avisos e sincronizar suas agendas em todos os dispositivos.

9. Desenhe uma interface do usuário (UI) para um aplicativo de priorização de tarefas que ajude os usuários a classificar suas tarefas por ordem de importância e urgência, usando técnicas como a Matriz Eisenhower ou o Método ABC.

10. Crie um aplicativo de gamificação da produtividade que transforme o gerenciamento de tarefas em um jogo, concedendo pontos, medalhas e recompensas para os usuários que cumprem suas tarefas e alcançam seus objetivos.

11. Desenvolva uma plataforma de automação de tarefas que permita aos usuários criar scripts e regras personalizadas

para automatizar tarefas repetitivas, como respostas automáticas a e-mails ou postagens em redes sociais.

12. Crie um aplicativo de controle de distrações que ajude os usuários a se concentrar em suas tarefas, bloqueando notificações, aplicativos e site, fornecendo recursos para meditação e relaxamento.

13. Desenhe uma interface do usuário (UI) para um aplicativo de to-do list compartilhável que permita aos usuários criar e atribuir tarefas a outros membros de uma equipe ou família, monitorando o progresso e enviando lembretes.

14. Crie um aplicativo de anotações e organização de ideias que permita aos usuários criar notas e organizá-las em categorias, adicionar arquivos e imagens e realizar buscas rápidas.

15. Desenvolva uma plataforma de gerenciamento de tarefas baseada em Inteligência Artificial que use aprendizado de máquina e processamento de linguagem natural para analisar as preferências e hábitos dos usuários e oferecer sugestões e otimizações personalizadas.

16. Crie um aplicativo de treinamento de produtividade que forneça cursos, artigos e vídeos sobre técnicas e ferramentas para melhorar a eficiência e a gestão do tempo, incluindo o método GTD (Getting Things Done) e a técnica Pomodoro.

17. Desenhe uma interface do usuário (UI) para um aplicativo de gerenciamento de tarefas com integração a serviços de armazenamento em nuvem, permitindo aos usuários

sincronizar suas tarefas, arquivos e agendas em diferentes dispositivos e plataformas.

18. Crie um aplicativo de checklist inteligente que ofereça modelos pré-definidos para tarefas comuns, como viagens, mudanças e eventos, permitindo aos usuários personalizar e compartilhar suas próprias checklists.

19. Desenvolva uma plataforma de gerenciamento de tarefas para estudantes que inclua ferramentas específicas para gerenciamento de tarefas acadêmicas, como agendamento de estudos, controle de trabalhos e lembretes de provas e avaliações.

20. Crie um aplicativo de organização de tarefas com base em localização que permita aos usuários criar lembretes associados a locais específicos, recebendo notificações quando estiverem próximos a esses locais.

2.9 Estudo de caso 9: plataforma de Viagens.

Uma plataforma de viagens implementa prompts personalizados para ajudar os usuários a planejar e reservar suas viagens de forma eficiente.

Os prompts são adaptados com base nas preferências de destinos de viagem, orçamento disponível e datas desejadas de viagem dos usuários.

Eles fornecem sugestões de voos, hospedagens, atividades locais e opções de transporte, facilitando a tomada de decisões e o planejamento da viagem.

Com a abordagem personalizada e orientada ao usuário, a plataforma aumenta a satisfação dos usuários e a probabilidade de uma experiência de viagem positiva.

Prompts:

1. Crie uma plataforma de busca e comparação de preços de passagens aéreas, hotéis e pacotes de viagem, permitindo aos usuários filtrar por data, localização, categoria e outros critérios.

2. Desenhe uma interface do usuário (UI) para uma aplicação de planejamento de viagens, incluindo itinerários personalizados, mapas interativos e opções de compartilhamento de experiências.

3. Crie um aplicativo de gerenciamento de reservas de viagem que permita aos usuários controlar e alterar suas reservas de hotel, voo, transporte e atividades turísticas em um só lugar.

4. Desenvolva uma plataforma de viagens sustentáveis que ofereça opções de ecoturismo, hotéis verdes e experiências com impacto ambiental e social reduzido.

5. Crie um sistema de recomendações de viagem personalizado que use algoritmos e dados de preferências dos usuários para sugerir destinos, atividades e serviços que se adequem aos seus interesses.

6. Desenhe uma interface do usuário (UI) para um aplicativo de viagens colaborativo que conecte viajantes locais e turistas, permitindo aos usuários compartilhar dicas, experiências e recomendações.

7. Crie um aplicativo de gestão de orçamento de viagem que ajude os usuários a planejar e controlar seus gastos durante as viagens, incluindo conversão de moeda e dicas para economizar.

8. Desenvolva uma plataforma de viagens para trabalhadores remotos que inclua opções de estadias prolongadas, espaços de coworking e serviços específicos para profissionais digitais nômades.

9. Crie um aplicativo de guia de viagens offline que ofereça informações sobre atrações turísticas, restaurantes e transporte em destinos populares, permitindo o acesso mesmo sem conexão à internet.

10. Desenhe uma interface do usuário (UI) para uma plataforma de compartilhamento de experiências de viagem, onde os usuários possam publicar fotos, vídeos e relatos de suas viagens e interagir com outros viajantes.

11. Crie um aplicativo de tradução específico para viajantes, que inclua expressões úteis, guias de conversação e dicas culturais para facilitar a comunicação em diferentes países e regiões.

12. Desenvolva uma plataforma de viagens adaptadas para pessoas com necessidades especiais, oferecendo informações e reservas de hotéis, transportes e atrações acessíveis para cadeirantes, idosos e outros grupos com mobilidade reduzida.

13. Crie um sistema de avaliações e comentários de viagens que permita aos usuários compartilhar suas experiências

com serviços de hospedagem, transporte, restaurantes e atividades turísticas.

14. Desenhe uma interface do usuário (UI) para um aplicativo de seguros de viagem que ofereça opções de seguros personalizados, incluindo cobertura médica, cancelamento de viagens e perda de bagagem.

15. Crie um aplicativo de notificações de viagens em tempo real que forneça informações sobre alterações de horários, cancelamentos, atrasos e outras informações importantes relacionadas às viagens dos usuários.

16. Desenvolva uma plataforma de planejamento de viagens em grupo que permita aos usuários organizar e gerenciar viagens com amigos, família ou colegas de trabalho, incluindo divisão de custos e comunicação em grupo.

17. Crie um aplicativo de rastreamento de bagagem que permita aos usuários monitorar a localização de suas malas durante as viagens, recebendo notificações em caso de atrasos ou problemas de entrega.

18. Desenhe uma interface do usuário (UI) para um aplicativo de viagens ecológicas, oferecendo opções de transporte sustentável, hospedagem ecológica e experiências turísticas com impacto ambiental reduzido.

19. Crie um aplicativo de checklist de viagem personalizada que permita aos usuários criar listas de itens a serem embarcados e tarefas a serem realizadas antes e durante as viagens, com base em seus próprios hábitos e preferências.

20. Desenvolva uma plataforma de viagens educacionais que ofereça programas de intercâmbio, voluntariado e experiências culturais, permitindo que os usuários combinem aprendizado e lazer em viagens enriquecedoras.

2.10 Estudo de caso 10: plataforma de Triatlo.

Uma plataforma de triatlo online utiliza prompts interativos e personalizados para engajar os atletas e promover a participação ativa.

Os prompts são adaptados com base no progresso do treinamento, estilo de treino e preferências de conteúdo de cada atleta. Eles oferecem sugestões de materiais de estudo adicionais, questionários de revisão, fóruns de discussão e feedback personalizado do treinador.

Por meio da interatividade e do suporte individualizado, a plataforma estimula a participação dos atletas, melhora a retenção de conhecimento e facilita a compreensão dos conceitos abordados.

Prompts:

1. Crie uma plataforma social para atletas de triatlo que permita aos usuários compartilhar suas conquistas, perguntas e dicas com a comunidade, além de encontrar companheiros de treinamento e competições.

2. Desenhe uma interface do usuário (UI) para um aplicativo de planejamento de treinamentos de triatlo, permitindo aos usuários criar calendários personalizados com base em

seus objetivos e preferências, incluindo sessões de natação, ciclismo e corrida.

3. Crie um sistema de rastreamento de desempenho que permita aos usuários registrar seus tempos de treinamento e competição, gerando gráficos e relatórios detalhados para acompanhamento do progresso.

4. Desenvolva um aplicativo de guia de competições de triatlo que forneça informações sobre eventos locais, regionais e internacionais, permitindo aos usuários inscreverem-se, fazer check-in e publicar resultados.

5. Crie uma plataforma de coaching virtual para triatletas, conectando atletas a especialistas em treinamento, nutrição e recuperação, permitindo consultas individuais e planos personalizados.

6. Desenhe uma interface do usuário (UI) para um aplicativo de compras específico para produtos de triatlo, incluindo bicicletas, roupas, calçados e acessórios, oferecendo avaliações de produtos e comparações de preços.

7. Crie um sistema de treinamento virtual de realidade aumentada para atletas de triatlo, permitindo simulados de competições e treinamentos em ambientes virtuais, além de demonstrar técnicas de natação, pedalada e corrida.

8. Desenvolva uma plataforma de treinamento em grupo para triatletas, permitindo aos usuários criarem e participarem de sessões ao vivo ou em vídeo, encorajando o espírito competitivo e a motivação mútua.

9. Crie um aplicativo de nutrição esportiva para triatletas, oferecendo planos de dieta personalizados, sugestões de refeições e dicas de hidratação e nutrição para treinamento e competição.

10. Desenhe uma interface do usuário (UI) para um aplicativo de triatlo adaptativo para pessoas com necessidades especiais, fornecendo recursos e informações sobre equipamentos e competições acessíveis, bem como relatos inspiradores de atletas inclusivos.

11. Crie um sistema de gestão de clubes e equipes de triatlo que permita aos usuários organizarem treinamentos, competições e eventos, além de compartilhar informações e recursos entre membros.

12. Desenvolva uma plataforma de bicicletas compartilhadas específicas para treinamentos de triatlo, oferecendo estações de bicicletas em parques, praias e outros locais populares para ciclismo e triatlo.

13. Crie um aplicativo de mapeamento de rotas para treinamentos de ciclismo, corrida e triatlo, permitindo aos usuários criar e compartilhar rotas, incluindo informações sobre distância, elevação e dificuldade.

14. Desenhe uma interface do usuário (UI) para um aplicativo de streaming ao vivo de competições de triatlo, permitindo aos usuários acompanharem eventos em tempo real, com comentários e entrevistas.

15. Crie um aplicativo de visualização de dados de triatlo que permita aos usuários analisar e comparar dados de

desempenho, usando gráficos, tabelas e estatísticas interativas.

16. Desenvolva uma plataforma de aprendizado e treinamento de técnicas de triatlo, oferecendo tutoriais em vídeo, dicas de especialistas e desafios de treinamento para aprimorar a performance em natação, ciclismo e corrida.

17. Crie uma plataforma de patrocínio e financiamento para atletas de triatlo, conectando atletas talentosos a patrocinadores, empresas e programas de bolsas de estudo.

18. Desenhe uma interface do usuário (UI) para um aplicativo de viagens e turismo focado em triatlo, oferecendo pacotes de viagens para competições internacionais, treinamentos em destinos turísticos e experiências de triatlo em diferentes países.

19. Crie um aplicativo de preparação física e mental para competições de triatlo, incluindo técnicas de respiração, controle de ansiedade e visualização de metas.

20. Desenvolva uma plataforma de triatlo para crianças e jovens, oferecendo programas de treinamento adaptados às necessidades e habilidades das crianças, além de eventos e competições específicas para essa faixa etária.

3 Erros que devem ser evitados ao escrever prompts.

A criação de prompts eficazes para modelos de IA é uma arte delicada que exige clareza, concisão e uma compreensão profunda das capacidades e limitações do modelo.

No entanto, mesmo os especialistas mais experientes podem cometer erros que podem levar a resultados insatisfatórios ou até mesmo perigosos.

Neste guia abrangente, exploraremos os erros mais comuns a serem evitados ao escrever prompts e forneceremos dicas e estratégias para criar prompts que impulsionem seus modelos de IA a alcançar seu pleno potencial.

1. Falta de Clareza e Especificidade.

Um dos erros mais frequentes é a falta de clareza e especificidade nos prompts. Isso pode levar a resultados vagos, irrelevantes ou até mesmo incorretos.

Ao escrever prompts, seja o mais específico possível, detalhando o que você espera que o modelo gere. Evite ambiguidades e forneça instruções claras e concisas.

Exemplo de prompt vago. "Escreva um poema sobre o amor."

Exemplo de prompt específico. "Escreva um poema sobre o amor perdido, utilizando versos de cinco sílabas e rimas alternadas."

2. Falta de Contexto.

Os modelos de IA, por mais sofisticados que sejam, não possuem o mesmo nível de conhecimento contextual que os humanos. É crucial fornecer contexto suficiente no prompt para que o modelo possa entender a intenção e gerar resultados relevantes.

Inclua informações sobre o tema, o público-alvo, o tom desejado e quaisquer outros detalhes que possam auxiliar o modelo na compreensão do que você busca.

Exemplo de prompt sem contexto. "Escreva um artigo sobre a história do Brasil."

Exemplo de prompt com contexto. "Escreva um artigo sobre a história do Brasil para um público de ensino médio, utilizando linguagem acessível e focando nos eventos mais importantes do período colonial."

3. Expectativas Inalcançáveis.

É importante estabelecer expectativas realistas ao trabalhar com modelos de IA. Reconheça que os modelos ainda estão em desenvolvimento e podem apresentar limitações. Evite exigir resultados perfeitos ou complexos demais para o nível de desenvolvimento do modelo. Comece com prompts simples e gradualmente aumente a complexidade à medida que o modelo se familiariza com suas expectativas.

Exemplo de expectativa inalcançável. "Peça ao modelo que escreva uma sinfonia de Beethoven."

Exemplo de expectativa realista. "Peça ao modelo que componha uma melodia simples no estilo de Beethoven."

4. Viés e Discriminação.

Os modelos de IA podem ser suscetíveis a vieses e discriminações presentes nos dados com os quais foram treinados. É crucial ter consciência desses vieses e tomar medidas para mitigá-los ao escrever prompts. Evite linguagem discriminatória, estereótipos e qualquer tipo de conteúdo que possa perpetuar injustiças sociais.

Exemplo de prompt discriminatório. "Escreva um texto sobre as características dos melhores CEOs."

Exemplo de prompt neutro. "Escreva um texto sobre as qualidades e habilidades que contribuem para o sucesso de um CEO."

5. Falta de Segurança.

Ao trabalhar com prompts, é essencial ter em mente a segurança e a ética. Evite prompts que possam gerar conteúdo prejudicial, violento ou que incite o ódio. Utilize o bom senso e lembre-se que os modelos de IA podem ser ferramentas poderosas que devem ser usadas com responsabilidade.

Exemplo de prompt perigoso. "Escreva um plano para realizar um ataque cibernético."

Exemplo de prompt seguro. "Escreva um texto sobre os riscos da segurança cibernética e as melhores práticas para se proteger online."

6. Falta de Monitoramento e Avaliação.

É importante monitorar e avaliar o desempenho dos prompts ao longo do tempo.

Observe como o modelo responde a diferentes prompts e faça ajustes conforme necessário. Utilize métricas de avaliação relevantes para determinar a eficácia dos prompts e identificar áreas para aprimoramento.

7. Falta de Adaptabilidade.

Os modelos de IA podem se adaptar a diferentes estilos e formatos de prompts.

Experimente diferentes formas de escrever prompts, variando a linguagem, a estrutura e o tom. Observe como o modelo responde a diferentes abordagens e identifique as que geram os melhores resultados.

8. Falta de Criatividade e Experimentação.

Não tenha medo de ser criativo e experimentar ao escrever prompts. Explore diferentes ideias e formatos, buscando novas maneiras de comunicar suas ideias ao modelo.

A experimentação pode levar a resultados surpreendentes e desbloquear todo o potencial da IA.

9. Falta de Atualização com as Últimas Tendências.

A área da IA está em constante evolução, com novas técnicas e ferramentas sendo desenvolvidas a todo o tempo.

Mantenha-se atualizado com as últimas tendências em prompts de IA para aproveitar os recursos mais recentes e aprimorar sua comunicação com os modelos. Leia artigos e tutoriais especializados, participe de fóruns e comunidades de IA para aprender com outros profissionais.

10. Ignorar a Importância da Colaboração.

A escrita de prompts eficazes é frequentemente um esforço colaborativo. Trabalhe com especialistas em IA, cientistas de dados e outros profissionais para desenvolver prompts que atendam às necessidades específicas de seu projeto. A colaboração pode trazer diferentes perspectivas e conhecimentos, resultando em prompts mais robustos e bem-sucedidos.

11. Cenário. Gerando Código Simples.

Prompt ineficaz. "Escreva um programa que calcule a área de um círculo."

Problemas. Vago e sem especificar a linguagem de programação.

Prompt eficaz. "Escreva um código Python para calcular a área de um círculo. O programa deve receber o raio do círculo como entrada e imprimir a área na saída. Utilize a fórmula A = pi x raio^2, onde pi é uma constante igual a 3.14159."

Melhorias. Específica a linguagem (Python) e detalha a funcionalidade esperada, incluindo entradas, saídas e a fórmula a ser utilizada.

12. Cenário. Criando Conteúdo Criativo;

Prompt ineficaz. "Escreva um poema."

Problemas. Excessivamente amplo, sem direcionamento sobre o tema, estilo ou tom.

Prompt eficaz. "Escreva um poema lírico de cinco estrofes, com versos decassílabos e rimas alternadas. O tema do poema deve ser a saudade de um ente querido que está longe."

Melhorias. Define o estilo do poema (lírico), a estrutura (cinco estrofes e versos decassílabos) e o esquema de rimas (alternadas). Também especifica o tema (saudade).

13. Cenário. Tradução de Idiomas.

Prompt ineficaz. "Traduza este texto para o francês."

Problemas. Não fornece o texto a ser traduzido.

Prompt eficaz. "Traduza o seguinte texto para o francês. 'Olá, mundo! Como vai você hoje?'"

Melhorias. Inclui o texto a ser traduzido (entre aspas).

14. Cenário. Respondendo a Perguntas.

Prompt ineficaz. "Qual é o significado da vida?"

Problemas. Pergunta filosófica complexa, sem contexto específico.

Prompt eficaz. "De acordo com a filosofia existencialista, qual é o significado da vida humana?"

Melhorias. Fornece contexto específico (filosofia existencialista) para direcionar a resposta do modelo.

15. Cenário. Resumindo Textos.

Prompt ineficaz. "Resuma este artigo."

Problemas. Não indica o tamanho desejado do resumo.

Prompt eficaz. "Resuma este artigo em três frases, destacando os principais pontos abordados."

Melhorias. Especifica o tamanho do resumo (três frases) e o que deve ser destacado (pontos principais).

16. Vagueza e falta de clareza:

Erro: escrever prompts vagos e imprecisos, como "Escreva um poema sobre o amor".

Solução: seja específico e forneça detalhes sobre o que você deseja. Por exemplo: "Escreva um poema lírico de cinco estrofes sobre o amor à distância, utilizando metáforas e linguagem sensorial."

17. Excesso de instruções.

Erro: sobrecarregar o prompt com instruções detalhadas que limitam a criatividade do modelo, como "Utilize o estilo poético clássico e a métrica decassílaba".

Solução: dê ao modelo espaço para explorar sua criatividade. Em vez de ditar regras rígidas, forneça diretrizes gerais e deixe que o modelo as interprete e aplique da melhor forma.

18. Falta de contexto.

Erro. Não fornecer contexto suficiente para o modelo entender o que você está pedindo, como "Crie um personagem".

Solução. Inclua informações sobre o tipo de personagem que você deseja, seus atributos, personalidade e o cenário em que ele estará inserido. Quanto mais contexto, melhor o modelo poderá compreender suas expectativas.

19. Erros gramaticais e ortográficos.

Erro. Escrever prompts com erros gramaticais e ortográficos, o que pode levar a interpretações incorretas pelo modelo.

Solução. Revise cuidadosamente o prompt antes de enviá-lo para o modelo. Utilize ferramentas de revisão ortográfica e gramatical para garantir a clareza e a qualidade do texto.

20. Ausência de feedback.

Erro. Não fornecer feedback ao modelo sobre os resultados gerados, impedindo que ele aprenda e melhore seu desempenho.

Solução. Avalie os resultados gerados pelo modelo e forneça feedback positivo ou negativo. Indique o que você gostou e o que poderia ser melhorado, ajudando o modelo a se aperfeiçoar ao longo do tempo.

21. Expectativas irreais.

Erro. Esperar que o modelo realize tarefas complexas ou criativas que estejam além de suas capacidades atuais.

Solução. Tenha expectativas realistas sobre o que o modelo pode fazer. Comece com tarefas simples e aumente a complexidade gradativamente, à medida que o modelo se desenvolve e aprende.

22. Falta de conhecimento sobre o modelo.

Erro. Não se familiarizar com as capacidades e limitações do modelo específico que você está utilizando.

Solução. Leia a documentação do modelo, explore exemplos de prompts e experimente diferentes formatos para entender como ele funciona e quais tipos de tarefas ele pode realizar com mais eficiência.

23. Desconsideração da ética e da responsabilidade.

Erro. Escrever prompts que sejam discriminatórios, ofensivos ou que violem princípios éticos.

Solução. Utilize a IA de forma ética e responsável. Evite prompts que possam gerar conteúdos prejudiciais ou que violem a privacidade de indivíduos ou grupos.

24. Falta de criatividade e experimentação.

Erro. Limitar-se a prompts simples e repetitivos, sem explorar o potencial criativo da IA.

Solução. Seja criativo e experimente diferentes formatos de prompts, como perguntas abertas, poemas, histórias ou scripts. Explore diferentes estilos e abordagens para estimular a criatividade do modelo.

25. Descomprometimento com o aprendizado contínuo.

Erro. Acreditar que escrever prompts eficazes é um processo que termina após aprender algumas técnicas básicas.

Solução. O aprendizado na área de prompts para IA é contínuo. Mantenha-se atualizado sobre as últimas tendências, explore novas técnicas e ferramentas, e esteja sempre disposto a aprender com seus erros e com os resultados obtidos.

A criação de prompts eficazes para modelos de IA é uma arte delicada que exige clareza, concisão e uma compreensão profunda das capacidades e limitações do modelo.

No entanto, mesmo os especialistas mais experientes podem cometer erros que podem levar a resultados insatisfatórios ou até mesmo perigosos. Neste guia abrangente, exploraremos os erros mais comuns a serem evitados ao escrever prompts e forneceremos dicas e estratégias para criar prompts que impulsionem seus modelos de IA a alcançar seu pleno potencial.

26. Ferramentas de Geração de Prompts.

PromptBase (https.//promptbase.com/). Plataforma online que oferece modelos pré-treinados para gerar prompts para diversas tarefas, como escrita criativa, tradução e programação.

LaMDA Playground ([URLlamda playground ON Google AI [invalid URL removed]]). Ambiente experimental do Google AI para interagir com o modelo LaMDA por meio de prompts. Permite testar diferentes formulações e observar as respostas geradas.

Bard Prompt Engineering (https.//blog.google/technology/ai/bard-google-ai-search-updates/). Ferramenta experimental do Google AI para interagir com o modelo Bard, que pode ser utilizada para gerar e testar prompts para diferentes tarefas.

27. Plataformas de Treinamento de IA.

Hugging Face (https.//huggingface.co/). Comunidade e repositório online com modelos de IA pré-treinados para diversas tarefas. Oferece interfaces para interagir com esses modelos e experimentar prompts diferentes.

Papers with Code

(https.//paperswithcode.com/). Plataforma que agrega artigos de pesquisa recentes em Inteligência Artificial. A pesquisa de novos modelos e técnicas de prompt engineering pode ser fonte valiosa para aprimorar sua escrita.

28. Comunidades e Fóruns Online.

Reddit - Machine Learning (https.//www.reddit.com/r/MachineLearning/).

Subreddit dedicado à discussão sobre aprendizado de máquina, onde você pode trocar experiências e aprender com outros usuários sobre escrita de prompts.

Forums do Google AI (https.//ai.google/). Fóruns oficiais do Google AI voltados para discussões técnicas sobre Inteligência Artificial. Uma boa fonte para encontrar especialistas e obter insights sobre prompts para modelos específicos.

4 Melhores práticas.

Escrever prompts eficazes requer a adoção de várias melhores práticas para garantir que a interação com os usuários seja clara, relevante e intuitiva.

A análise de padrões e boas práticas, através de estudos de caso, permite uma compreensão mais profunda de como os usuários interagem com diferentes sistemas e o que esperam deles em termos de comunicação. Cada ponto de contato é uma oportunidade para reforçar a relação do usuário com a tecnologia e a marca por trás dela.

Ao aplicar essas melhores práticas ao escrever prompts, é possível criar interações mais eficazes, envolventes e significativas para os usuários, elevando a qualidade da experiência do usuário e contribuindo para o sucesso do sistema de inteligência artificial.

Os fundamentos da construção de prompts são essenciais para garantir a eficácia das interações com os usuários em diversos contextos. A análise de exemplos e estudos de caso de prompts usados em diferentes situações pode fornecer insights valiosos sobre sua efetividade e impacto.

Um exemplo de prompt eficaz é o utilizado em assistentes virtuais como a Siri da Apple ou a Alexa da Amazon. Esses assistentes utilizam prompts simples e diretos para solicitar e confirmar informações dos usuários, proporcionando uma interação intuitiva e eficiente.

Algumas das melhores práticas para escrever prompts eficazes incluem:

1. Considerar a contextualização. Leve em consideração o contexto em que o prompt será apresentado e adapte a

mensagem de acordo com a situação específica para garantir sua relevância e utilidade para o usuário.

2. Estudos de Usabilidade. Testes com usuários reais podem fornecer insights sobre como eles interagem com os prompts em diferentes contextos. Por exemplo, um estudo de caso poderia documentar a experiência de pessoas utilizando um novo software de agendamento online. Observa-se como os usuários reagem aos prompts ao marcar uma reunião, destacando confusões comuns ou erros de navegação, guiando assim as melhorias na estrutura e linguagem dos prompts.

3. Evitar sobrecarga de informações. Evite incluir informações excessivas ou complicadas nos prompts, pois isso pode sobrecarregar os usuários e dificultar a compreensão da mensagem.

4. Fornecer orientações claras. Indique de maneira clara e detalhada as ações que os usuários devem tomar para interagir com o sistema, seja através de botões, links ou comandos de voz.

5. Incentivar a ação. Utilize verbos de ação e frases motivadoras para encorajar os usuários a realizar uma ação específica em resposta ao prompt, aumentando a taxa de conversão e engajamento.

6. Incluir feedback imediato. Forneça feedback imediato após a ação do usuário para confirmar que sua interação foi bem-sucedida ou indicar qualquer erro que precise ser corrigido.

7. Personalizar os prompts. Adapte os prompts de acordo com as preferências e características individuais dos usuários para tornar as interações mais relevantes e personalizadas.

8. Priorizar a acessibilidade. Certifique-se de que os prompts sejam acessíveis a todos os usuários, independentemente de suas limitações físicas ou cognitivas, seguindo diretrizes de design inclusivo e acessível.

9. Ser consistente. Mantenha uma linguagem visual e interativa consistente ao longo de todas as interações com os usuários para que eles possam prever como o sistema responderá às suas ações.

10. Ser direto e objetivo. Utilize uma linguagem clara e concisa para transmitir a mensagem desejada ao usuário de forma direta e sem ambiguidades.

11. Testar e iterar. Realize testes com usuários reais para avaliar a eficácia dos prompts e faça iterações com base no feedback recebido para aprimorar a experiência do usuário.

12. Utilizar elementos visuais. Quando apropriado, utilize elementos visuais como ícones, gráficos ou cores para complementar a mensagem do prompt e tornar a interação mais visual e atrativa.

13. Utilizar uma linguagem amigável. Escolha palavras e frases que sejam facilmente compreensíveis e familiares para os usuários, evitando jargões técnicos ou linguagem excessivamente formal.

14. Comparação entre Plataformas. Olhando para sistemas semelhantes em diferentes plataformas ou dispositivos,

podemos identificar como a consistência afeta o uso. Um estudo de caso poderia comparar a experiência do usuário com prompts de voz através de diferentes assistentes digitais, como Siri, Google Assistant e Alexa, evidenciando quais práticas conduzem a uma experiência mais coesa e agradável.

15. Testes A/B. Uma técnica de avaliação é o teste A/B, onde duas versões de um prompt são apresentadas a grupos diferentes de usuários. Estudos de caso usando essa técnica podem claramente indicar qual versão leva a um comportamento de usuário mais positivo, permitindo que os designers escolham a opção que melhor ressoa com a base de usuários.

16. Feedback dos Usuários. Coletando e analisando o feedback dos usuários, práticas recomendadas podem ser extraídas e implementadas. Por exemplo, no desenvolvimento de um app de entrega de comida, poder-se-ia descobrir que os usuários preferem um processo de checkout simplificado, com menos etapas e prompts mais claros.

17. Monitoramento e Análise Comportamental. Utilizando ferramentas como o Google Analytics em websites, os designers podem observar onde os usuários estão tendo dificuldades, clicando em links errados ou abandonando processos, sugerindo onde os prompts podem ser melhorados para guiar o usuário mais eficientemente.

18. Analítica Preditiva. Ferramentas de IA agora podem prever onde os usuários podem ter dificuldades ao interagir com um sistema, baseando-se em modelos de dados anteriores. Essas previsões podem antecipar a necessidade de mudanças no design dos prompts antes que os problemas se tornem evidentes através do feedback do usuário.

19. Design Inclusivo. A consideração ativa da diversidade nos testes de usuário — incluindo idade, habilidade, gênero, localização geográfica e outros fatores — pode assegurar que os sistemas de prompt sejam robustos e acessíveis para uma ampla gama de usuários.

20. Documentação e Compartilhamento de Conhecimento. As empresas podem aprender muito documentando os resultados dos seus testes e compartilhando esses conhecimentos internamente. Criar bibliotecas de caso e repositórios de aprendizado a partir de experiências passadas ajuda a consolidar práticas recomendadas e evita a repetição de erros antigos.

21. Estratégias de Lançamento Gradual. Lançar novas interfaces ou prompts em fases pode permitir que os designers e produtores coletem feedback incremental e façam ajustes antes de um lançamento em larga escala. Estratégias como o lançamento de funcionalidades 'beta' ou 'piloto' para um subconjunto de usuários podem prover um valioso panorama de como a mudança será recebida.

22. Integração de Feedback em Tempo Real. Ferramentas que permitem aos usuários reportar problemas ou confusões no momento em que ocorrem podem agregar grandes vantagens. Capturar a experiência do usuário em tempo real pode prover dados mais precisos sobre o desempenho do sistema de prompts.

23. Simulações e Prototipagem. Antes de implementar mudanças, a prototipagem virtual e as simulações podem ajudar a identificar potenciais problemas. Essas técnicas permitem que os designers testem rapidamente várias versões de uma

interface e iterem baseados em feedback objetivo sem a necessidade de desenvolvimento completo.

24. Aprendizagem e Adaptação Baseada em Contexto. Em contextos variados, os prompts podem se comportar de maneira diferente. Por exemplo, considerando o uso de um dispositivo móvel versus um desktop, ou mudanças na interface dependendo se o usuário está em um ambiente ruidoso ou quieto. Utilizar dados contextuais para adaptar a experiência do usuário em tempo real é uma estratégia chave para aumentar a satisfação do usuário e sua eficiência.

25. Alinhamento Estratégico com Objetivos de Negócio. É importante assegurar que a engenharia de prompt esteja alinhada com os objetivos globais do negócio. Se a intenção é simplificar a jornada do usuário para aumentar as taxas de conversão, então cada aspecto dos prompts deve contribuir para uma experiência sem atritos.

26. Segurança do Usuário e Confiança. A maneira como os prompts são projetados pode afetar significativamente a percepção do usuário sobre a segurança e confiabilidade do sistema. Usar linguagem clara e direta pode ajudar a construir confiança, enquanto a implementação de práticas de segurança transparentes e fácil de entender reforça que a privacidade e segurança do usuário são uma prioridade.

27. Desenvolvimento Sustentável e Manutenção. Projetar para a simplicidade e consistência não é apenas sobre a primeira experiência do usuário com um produto; isso também facilita a manutenção e atualização futuras do sistema, assegurando que o produto possa evoluir sem perder sua essência e usabilidade.

28. Educação do Usuário e Onboarding. A experiência do usuário com prompts pode ser amplamente aprimorada através de programas eficazes de onboarding, onde o usuário é educado sobre as funcionalidades do sistema de forma gradual e envolvente. Técnicas de gamificação, por exemplo, podem ser usadas para tornar o aprendizado mais interativo e memorável.

29. Feedback Loop Fechado. Estabelecer um ciclo de feedback fechado, onde o usuário possa facilmente reportar problemas e receber atualizações sobre correções ou melhorias, também promove um senso de envolvimento e co-propriedade do sistema. Este é um fator que pode aumentar a lealdade e satisfação do usuário.

30. Resiliência e Preparação para Falhas. Sistemas de prompt devem ser projetados não apenas para o sucesso, mas também para falhar de maneira elegante. Um sistema resiliente guia os usuários de volta ao caminho certo com instruções claras e suporte quando algo não vai conforme o esperado, reduzindo a frustração e mantendo o fluxo da interação.

31. Personalização Inteligente. A engenharia de prompt deve visar a personalização inteligente, onde os prompts podem ser adaptados com base em informações conhecidamente acumuladas sobre as preferências do usuário e padrões de interação anteriores. No entanto, isso deve ser equilibrado com considerações de privacidade e consentimento do usuário.

32. Abordagem Centrada no Humano. Além de estudos de caso, a metodologia do Design Thinking incentiva a observação do

comportamento humano, o que pode revelar insights cruciais sobre a maneira como os usuários naturalmente preferem interagir com a tecnologia. Ao priorizar o entendimento das necessidades não atendidas, os designers podem criar prompts que melhor atendam às expectativas do usuário.

A aplicação consciente destes princípios em sistemas de interação não só melhora a experiência individual do usuário, mas também pode contribuir significativamente para o sucesso comercial e técnico de um produto. As interfaces que as pessoas acham fáceis e agradáveis de usar tendem a ter taxas de adoção mais altas e usuários mais leais.

A avaliação constante do feedback dos usuários e a adaptação dos prompts com base nesses insights têm sido fundamentais para melhorar a experiência do usuário ao longo do tempo.

Esses fundamentos são essenciais para criar interações significativas e engajadoras que atendam às necessidades e expectativas dos usuários em diversos cenários de uso.

Através da aplicação desses fundamentos, é possível criar prompts mais eficazes, relevantes e envolventes, promovendo uma experiência de usuário positiva e satisfatória em diversos contextos e cenários de uso.

5 Conclusão.

Ao longo deste volume, "Engenharia de Prompt - Volume 5: Estudos de Caso e Erros", percorremos um caminho de descoberta e aprendizado sobre a importância crucial de formular prompts adequados e de como essa prática impacta diretamente a performance dos sistemas de inteligência artificial.

Desde os fundamentos sobre clareza nas solicitações até os loops de feedback para aprimorar continuamente os modelos, o livro abordou os principais elementos que sustentam a interação eficaz entre humanos e máquinas.

Ao oferecer uma série de estudos de caso práticos, tivemos a oportunidade de ver como diferentes setores da indústria, como saúde, e-commerce e educação, utilizam prompts para melhorar suas operações, enquanto os erros mais comuns foram destacados como lições valiosas a serem evitadas.

A principal lição deste volume é clara: fazer as perguntas corretas é essencial. Ao dominar a arte da construção de prompts, o leitor está melhor equipado para aproveitar o potencial da inteligência artificial de maneira mais eficaz, criativa e responsável.

Ao aplicar os conceitos e práticas apresentados, você poderá não apenas melhorar a precisão dos sistemas de IA, mas também garantir que as respostas obtidas estejam alinhadas com os objetivos éticos e funcionais do projeto.

Enquanto avançamos no desenvolvimento de tecnologias cada vez mais poderosas, é essencial refletir sobre o papel que a humanidade desempenha na definição do futuro da inteligência artificial.

A coleção “Inteligência Artificial: O Poder dos Dados”, disponível na Amazon, da qual este volume faz parte, é um convite para que você, leitor, aprofunde sua compreensão sobre o papel transformador da IA e como os dados podem ser utilizados para criar um futuro mais inteligente, ético e inclusivo.

Os demais volumes desta série abordam temas igualmente cruciais, ampliando ainda mais sua visão sobre as tecnologias que estão redesenhando o mundo em que vivemos.

Se este livro despertou em você o desejo de entender mais, recomendo que explore os outros títulos da coleção. Cada volume oferece uma nova perspectiva, novas ferramentas e, acima de tudo, um novo conjunto de perguntas que o ajudarão a navegar pelo vasto e complexo universo da inteligência artificial.

6 Referências bibliográficas.

BISHOP, C. (2006). Pattern Recognition and Machine Learning. Springer.

CHOLLET, F. (2021). Deep Learning with Python. Manning Publications.

DOMINGOS, P. (2015). The Master Algorithm: How the Quest for the Ultimate Learning Machine Will Remake Our World. Basic Books.

DUDA, R.; HART, P.; STORK, D. (2006). Pattern Classification. Wiley.

GERON, A. (2022). Hands-On Machine Learning with Scikit-Learn, Keras, and TensorFlow: Concepts, Tools, and Techniques to Build Intelligent Systems. O'Reilly Media.

GOLDBERG, Y. (2017). Neural Network Methods in Natural Language Processing. Morgan & Claypool Publishers.

KELLEHER, John D. (2019). Deep Learning. MIT Press.

JAMES, G.; WITTEN, D.; HASTIE, T.; TIBSHIRANI, R. (2021). An Introduction to Statistical Learning: With Applications in R. Springer.

JURAFSKY, D.; MARTIN, J. (2020). Speech and Language Processing: An Introduction to Natural Language Processing, Computational Linguistics, and Speech Recognition. Pearson.

KAPOOR, R.; MAHONEY, M. (2021). AI-Powered: How Prompt Engineering Transforms Data Into Knowledge. CRC Press.

LANGE, K. (2010). Optimization. Springer.

LECUN, Y.; BENGIO, Y. (2020). Advances in Neural Information Processing Systems. MIT Press.

MARR, B. (2018). Artificial Intelligence in Practice: How 50 Successful Companies Used AI and Prompt Engineering to Solve Problems. Wiley.

MITCHELL, T. (1997). Machine Learning. McGraw-Hill.

MOHAN, V. (2021). Mastering Prompt Engineering for AI Applications. Packt Publishing.

MULLER, A. C.; GUIDO, S. (2016). Introduction to Machine Learning with Python: A Guide for Data Scientists. O'Reilly Media.

MURPHY, K. (2012). Machine Learning: A Probabilistic Perspective. MIT Press.

PATTERSON, D.; HENNESSY, J. (2021). Computer Organization and Design: The Hardware/Software Interface. Morgan Kaufmann.

PINTO, M.V (2024 -1). Artificial Intelligence – Essential Guide. ISBN. 979-8322751175. Independently published. ASIN. B0D1N7TJL8.

RAGHU, M.; SCHMIDHUBER, J. (2020). AI Thinking: How Prompt Engineering Enhances Human-Computer Interaction. MIT Press.

RAJPUT, D. (2020). Artificial Intelligence and Machine Learning: Developing AI Solutions Using Prompt Engineering. BPB Publications.

RUSSELL, S.; NORVIG, P. (2020). Artificial Intelligence: A Modern Approach. Pearson.

SEN, S.; KAMEL, M. (2021). AI Design Patterns: Leveraging Prompt Engineering to Build Better AI Systems. Springer.

SMITH, B.; ERNST, A. (2021). Artificial Intelligence and the Future of Work: How Prompt Engineering Shapes Tomorrow's Jobs. Oxford University Press.

SUTTON, R.; BARTO, A. (2018). Reinforcement Learning: An Introduction. MIT Press.

TAO, Q. (2022). Artificial Intelligence Ethics and Prompt Engineering: Balancing Innovation with Responsibility. Routledge.

VANDERPLAS, J. (2016). Python Data Science Handbook: Essential Tools for Working with Data. O'Reilly Media.

ZHANG, Z.; DONG, Y. (2021). AI Systems: Foundations, Prompt Engineering, and Advanced Techniques. CRC Press.

7 Descubra a Coleção Completa "Inteligência Artificial e o Poder dos Dados" – Um Convite para Transformar sua Carreira e Conhecimento.

A Coleção "Inteligência Artificial e o Poder dos Dados" foi criada para quem deseja não apenas entender a Inteligência Artificial (IA), mas também aplicá-la de forma estratégica e prática.

Em uma série de volumes cuidadosamente elaborados, desvendo conceitos complexos de maneira clara e acessível, garantindo ao leitor uma compreensão completa da IA e de seu impacto nas sociedades modernas.

Não importa seu nível de familiaridade com o tema: esta coleção transforma o difícil em didático, o teórico em aplicável e o técnico em algo poderoso para sua carreira.

7.1 Por Que Comprar Esta Coleção?

Estamos vivendo uma revolução tecnológica sem precedentes, onde a IA é a força motriz em áreas como medicina, finanças, educação, governo e entretenimento.

A coleção "Inteligência Artificial e o Poder dos Dados" mergulha profundamente em todos esses setores, com exemplos práticos e reflexões que vão muito além dos conceitos tradicionais.

Você encontrará tanto o conhecimento técnico quanto as implicações éticas e sociais da IA incentivando você a ver essa tecnologia não apenas como uma ferramenta, mas como um verdadeiro agente de transformação.

Cada volume é uma peça fundamental deste quebra-cabeça inovador: do aprendizado de máquina à governança de dados e da ética à aplicação prática.

Com a orientação de um autor experiente, que combina pesquisa acadêmica com anos de atuação prática, esta coleção é mais do que um conjunto de livros – é um guia indispensável para quem quer navegar e se destacar nesse campo em expansão.

7.2 Público-Alvo desta Coleção?

Esta coleção é para todos que desejam ter um papel de destaque na era da IA:

- ✓ Profissionais da Tecnologia: recebem insights técnicos profundos para expandir suas habilidades.
- ✓ Estudantes e Curiosos: têm acesso a explicações claras que facilitam o entendimento do complexo universo da IA.
- ✓ Gestores, líderes empresariais e formuladores de políticas também se beneficiarão da visão estratégica sobre a IA, essencial para a tomada de decisões bem-informadas.
- ✓ Profissionais em Transição de Carreira: Profissionais em transição de carreira ou interessados em se especializar em IA encontram aqui um material completo para construir sua trajetória de aprendizado.

7.3 Muito Mais do Que Técnica – Uma Transformação Completa.

Esta coleção não é apenas uma série de livros técnicos; é uma ferramenta de crescimento intelectual e profissional.

Com ela, você vai muito além da teoria: cada volume convida a uma reflexão profunda sobre o futuro da humanidade em um mundo onde máquinas e algoritmos estão cada vez mais presentes.

Este é o seu convite para dominar o conhecimento que vai definir o futuro e se tornar parte da transformação que a Inteligência Artificial traz ao mundo.

Seja um líder em seu setor, domine as habilidades que o mercado exige e prepare-se para o futuro com a coleção "Inteligência Artificial e o Poder dos Dados".

Esta não é apenas uma compra; é um investimento decisivo na sua jornada de aprendizado e desenvolvimento profissional.

Prof. Marcão - Marcus Vinícius Pinto

Mestre em Tecnologia da Informação.
Especialista em Inteligência Artificial, Governança de Dados e Arquitetura de Informação.

8 Os Livros da Coleção.

8.1 Dados, Informação e Conhecimento na era da Inteligência Artificial.

Este livro explora de forma essencial as bases teóricas e práticas da Inteligência Artificial, desde a coleta de dados até sua transformação em inteligência. Ele foca, principalmente, no aprendizado de máquina, no treinamento de IA e nas redes neurais.

8.2 Dos Dados em Ouro: Como Transformar Informação em Sabedoria na Era da IA.

Este livro oferece uma análise crítica sobre a evolução da Inteligência Artificial, desde os dados brutos até a criação de sabedoria artificial, integrando redes neurais, aprendizado profundo e modelagem de conhecimento.

Apresenta exemplos práticos em saúde, finanças e educação, e aborda desafios éticos e técnicos.

8.3 Desafios e Limitações dos Dados na IA.

O livro oferece uma análise profunda sobre o papel dos dados no desenvolvimento da IA explorando temas como qualidade, viés, privacidade, segurança e escalabilidade com estudos de caso práticos em saúde, finanças e segurança pública.

8.4 Dados Históricos em Bases de Dados para IA: Estruturas, Preservação e Expurgo.

Este livro investiga como a gestão de dados históricos é essencial para o sucesso de projetos de IA. Aborda a relevância das normas ISO para garantir qualidade e segurança, além de analisar tendências e inovações no tratamento de dados.

8.5 Vocabulário Controlado para Dicionário de Dados: Um Guia Completo.

Este guia completo explora as vantagens e desafios da implementação de vocabulários controlados no contexto da IA e da ciência da informação. Com uma abordagem detalhada, aborda desde a nomeação de elementos de dados até as interações entre semântica e cognição.

8.6 Curadoria e Administração de Dados para a Era da IA.

Esta obra apresenta estratégias avançadas para transformar dados brutos em insights valiosos, com foco na curadoria meticulosa e administração eficiente dos dados. Além de soluções técnicas, aborda questões éticas e legais, capacitando o leitor a enfrentar os desafios complexos da informação.

8.7 Arquitetura de Informação.

A obra aborda a gestão de dados na era digital, combinando teoria e prática para criar sistemas de IA eficientes e escaláveis, com insights sobre modelagem e desafios éticos e legais.

8.8 Fundamentos: O Essencial para Dominar a Inteligência Artificial.

Uma obra essencial para quem deseja dominar os conceitos-chave da IA, com uma abordagem acessível e exemplos práticos. O livro explora inovações como Machine Learning e Processamento de Linguagem Natural, além dos desafios éticos e legais e oferece uma visão clara do impacto da IA em diversos setores.

8.9 LLMS - Modelos de Linguagem de Grande Escala.

Este guia essencial ajuda a compreender a revolução dos Modelos de Linguagem de Grande Escala (LLMs) na IA.

O livro explora a evolução dos GPTs e as últimas inovações em interação humano-computador, oferecendo insights práticos sobre seu impacto em setores como saúde, educação e finanças.

8.10 Machine Learning: Fundamentos e Avanços.

Este livro oferece uma visão abrangente sobre algoritmos supervisionados e não supervisionados, redes neurais profundas e aprendizado federado. Além de abordar questões de ética e explicabilidade dos modelos.

8.11 Por Dentro das Mentes Sintéticas.

Este livro revela como essas 'mentes sintéticas' estão redefinindo a criatividade, o trabalho e as interações humanas. Esta obra apresenta uma análise detalhada dos desafios e oportunidades proporcionados por essas tecnologias, explorando seu impacto profundo na sociedade.

8.12 A Questão dos Direitos Autorais.

Este livro convida o leitor a explorar o futuro da criatividade em um mundo onde a colaboração entre humanos e máquinas é uma realidade, abordando questões sobre autoria, originalidade e propriedade intelectual na era das IAs generativas.

8.13 1121 Perguntas e Respostas: Do Básico ao Complexo– Parte 1 A 4.

Organizadas em quatro volumes, estas perguntas servem como guias práticos essenciais para dominar os principais conceitos da IA.

A Parte 1 aborda informação, dados, geoprocessamento, a evolução da inteligência artificial, seus marcos históricos e conceitos básicos.

A Parte 2 aprofunda-se em conceitos complexos como aprendizado de máquina, processamento de linguagem natural, visão computacional, robótica e algoritmos de decisão.

A Parte 3 aborda questões como privacidade de dados, automação do trabalho e o impacto de modelos de linguagem de grande escala (LLMs).

Parte 4 explora o papel central dos dados na era da inteligência artificial, aprofundando os fundamentos da IA e suas aplicações em áreas como saúde mental, governo e combate à corrupção.

8.14 O Glossário Definitivo da Inteligência Artificial.

Este glossário apresenta mais de mil conceitos de inteligência artificial explicados de forma clara, abordando temas como Machine Learning, Processamento de Linguagem Natural, Visão Computacional e Ética em IA.

- A parte 1 contempla conceitos iniciados pelas letras de A a D.

- A parte 2 contempla conceitos iniciados pelas letras de E a M.
- A parte 3 contempla conceitos iniciados pelas letras de N a Z.

8.15 Engenharia de Prompt - Volumes 1 a 6.

Esta coleção abrange todos os fundamentos da engenharia de prompt, proporcionando uma base completa para o desenvolvimento profissional.

Com uma rica variedade de prompts para áreas como liderança, marketing digital e tecnologia da informação, oferece exemplos práticos para melhorar a clareza, a tomada de decisões e obter insights valiosos.

Os volumes abordam os seguintes assuntos:

- Volume 1: Fundamentos. Conceitos Estruturadores e História da Engenharia de Prompt.
- Volume 2: Segurança e Privacidade em IA.
- Volume 3: Modelos de Linguagem, Tokenização e Métodos de Treinamento.
- Volume 4: Como Fazer Perguntas Corretas.
- Volume 5: Estudos de Casos e Erros.
- Volume 6: Os Melhores Prompts.

8.16 Guia para ser um Engenheiro De Prompt – Volumes 1 e 2.

A coleção explora os fundamentos avançados e as habilidades necessárias para ser um engenheiro de prompt bem-sucedido, destacando os benefícios, riscos e o papel crítico que essa função desempenha no desenvolvimento da inteligência artificial.

O Volume 1 aborda a elaboração de prompts eficazes, enquanto o Volume 2 é um guia para compreender e aplicar os fundamentos da Engenharia de Prompt.

8.17 Governança de Dados com IA – Volumes 1 a 3.

Descubra como implementar uma governança de dados eficaz com esta coleção abrangente. Oferecendo orientações práticas, esta coleção abrange desde a arquitetura e organização de dados até a proteção e garantia de qualidade, proporcionando uma visão completa para transformar dados em ativos estratégicos.

O volume 1 aborda as práticas e regulações. O volume 2 explora em profundidade os processos, técnicas e melhores práticas para realizar auditorias eficazes em modelos de dados. O volume 3 é seu guia definitivo para implantação da governança de dados com IA.

8.18 Governança de Algoritmos.

Este livro analisa o impacto dos algoritmos na sociedade, explorando seus fundamentos e abordando questões éticas e regulatórias. Aborda transparência, accountability e vieses, com soluções práticas para auditar e monitorar algoritmos em setores como finanças, saúde e educação.

8.19 De Profissional de Ti para Expert em IA: O Guia Definitivo para uma Transição de Carreira Bem-Sucedida.

Para profissionais de Tecnologia da Informação, a transição para a IA representa uma oportunidade única de aprimorar habilidades e contribuir para o desenvolvimento de soluções inovadoras que moldam o futuro.

Neste livro, investigamos os motivos para fazer essa transição, as habilidades essenciais, a melhor trilha de aprendizado e as perspectivas para o futuro do mercado de trabalho em TI.

8.20 Liderança Inteligente com IA: Transforme sua Equipe e Impulsione Resultados.

Este livro revela como a inteligência artificial pode revolucionar a gestão de equipes e maximizar o desempenho organizacional.

Combinando técnicas de liderança tradicionais com insights proporcionados pela IA, como a liderança baseada em análise preditiva, você aprenderá a otimizar processos, tomar decisões mais estratégicas e criar equipes mais eficientes e engajadas.

8.21 Impactos e Transformações: Coleção Completa.

Esta coleção oferece uma análise abrangente e multifacetada das transformações provocadas pela Inteligência Artificial na sociedade contemporânea.

- Volume 1: Desafios e Soluções na Detecção de Textos Gerados por Inteligência Artificial.
- Volume 2: A Era das Bolhas de Filtro. Inteligência Artificial e a Ilusão de Liberdade.
- Volume 3: Criação de Conteúdo com IA - Como Fazer?
- Volume 4: A Singularidade Está Mais Próxima do que Você Imagina.
- Volume 5: Burrice Humana versus Inteligência Artificial.

- Volume 6: A Era da Burrice! Um Culto à Estupidez?
- Volume 7: Autonomia em Movimento: A Revolução dos Veículos Inteligentes.
- Volume 8: Poiesis e Criatividade com IA.
- Volume 9: Dupla perfeita: IA + automação.
- Volume 10: Quem detém o poder dos dados?

8.22 Big Data com IA: Coleção Completa.

A coleção aborda desde os fundamentos tecnológicos e a arquitetura de Big Data até a administração e o glossário de termos técnicos essenciais.

A coleção também discute o futuro da relação da humanidade com o enorme volume de dados gerados nas bases de dados de treinamento em estruturação de Big Data.

- Volume 1: Fundamentos.
- Volume 2: Arquitetura.
- Volume 3: Implementação.
- Volume 4: Administração.
- Volume 5: Temas Essenciais e Definições.
- Volume 6: Data Warehouse, Big Data e IA.

9 Sobre o Autor.

Sou Marcus Pinto, mais conhecido como Prof. Marcão, especialista em tecnologia da informação, arquitetura da informação e inteligência artificial.

Com mais de quatro décadas de atuação e pesquisa dedicadas, construí uma trajetória sólida e reconhecida, sempre focada em tornar o conhecimento técnico acessível e aplicável a todos os que buscam entender e se destacar nesse campo transformador.

Minha experiência abrange consultoria estratégica, educação e autoria, além de uma atuação extensa como analista de arquitetura de informação.

Essa vivência me capacita a oferecer soluções inovadoras e adaptadas às necessidades em constante evolução do mercado tecnológico, antecipando tendências e criando pontes entre o saber técnico e o impacto prático.

Ao longo dos anos, desenvolvi uma expertise abrangente e aprofundada em dados, inteligência artificial e governança da informação – áreas que se tornaram essenciais para a construção de sistemas robustos e seguros, capazes de lidar com o vasto volume de dados que molda o mundo atual.

Minha coleção de livros, disponível na Amazon, reflete essa expertise, abordando temas como Governança de Dados, Big Data e Inteligência Artificial com um enfoque claro em aplicações práticas e visão estratégica.

Autor de mais de 150 livros, investigo o impacto da inteligência artificial em múltiplas esferas, explorando desde suas bases técnicas até as questões éticas que se tornam cada vez mais urgentes com a adoção dessa tecnologia em larga escala.

Em minhas palestras e mentorias, compartilho não apenas o valor da IA, mas também os desafios e responsabilidades que acompanham sua implementação – elementos que considero essenciais para uma adoção ética e consciente.

Acredito que a evolução tecnológica é um caminho inevitável. Meus livros são uma proposta de guia nesse trajeto, oferecendo insights profundos e acessíveis para quem deseja não apenas entender, mas dominar as tecnologias do futuro.

Com um olhar focado na educação e no desenvolvimento humano, convido você a se unir a mim nessa jornada transformadora, explorando as possibilidades e desafios que essa era digital nos reserva.

10 Como Contatar o Prof. Marcão.

10.1 Para palestras, treinamento e mentoria empresarial.

marcao.tecno@gmail.com

10.2 Prof. Marcão, no Linkedin.

https://bit.ly/linkedin_profmarcao

www.ingramcontent.com/pod-product-compliance
Lightning Source LLC
LaVergne TN
LVHW051715050326
832903LV00032B/4218

* 9 7 9 8 3 4 3 8 1 6 9 1 4 *